AF389019

HISTOIRE

VERITABLE

ET NATVRELLE

DES

MOEVRS ET PRODVCTIONS

DV PAYS

DE LA

NOVVELLE FRANCE,

VVLGAIREMENT DITE

LE

CANADA.

A PARIS,

Chez FLORENTIN LAMBERT,
Saint Iacques, vis à vis Saint Yues,
à l'Image Saint Paul.

M. DC. LXIV.

Auec Permission.

A MONSEIGNEVR
COLBERT,

CONSEILLER

du Roy en son Conseil Royal, Intendant des Finances, & Sur-Intendant des Bastimens de sa Majesté, Baron de Seignelay, &c.

MONSEIGNEVR,

Ayant fait vne Histoire Naturelle succinte,

EPISTRE.

mais veritable, de la Nouuelle France, qui eſt arroſée du grand Fleuue S. Laurens, & des Lacs & Riuieres qui s'y vont rendre; i'ay creu que cét Ouurage vous eſtoit deu, Dieu vous ayant donné pour ce pays vn amour particulier, qui ſans doute ira croiſſant, lors que vous aurez eſté plus amplement informé de la bonté & de la beauté de toutes nos contrées. C'eſt le ſentiment

vous le protegerez, &
vous me permettrez de
me dire,

MONSEIGNEVR,

De la Ville des Trois-
Rivieres, en la Nouuelle
France, le 8. Octob. 1663.

Voſtre tres - humble &
tres-obeïſſant ſeruiteur,
PIERRE BOVCHER.

AVANT-PROPOS.

Mon cher Le-
cteur, vous sçau-
rez que deux
raisons m'ont
porté à faire ce petit Traité. La premiere est, que
i'y ay esté engagé par
quantité d'honestes gens,
que i'ay eu l'honneur
d'entretenir pendant que
i'ay esté en France, & qui
ont pris vn grand plaisir

d'entendre parler de ce
pays icy, & de se voir de-
sabusez de quantité de
mauuaises opinions qu'ils
en auoient conceu : en
suite dequoy ils m'ont prié
de leur enuoyer vne peti-
te Relation du Pays de la
Nouuelle France, c'est à
dire ce que c'est du Pays,
& ce qui s'y trouue, afin
de le faire sçauoir à leurs
amis. Le nombre de ceux
qui m'en ont prié estant
grand, ie n'aurois pû que
malaisément y satisfaire;
c'est pourquoy ie me suis

resolu de faire imprimer la presente Description , & les prier d'y auoir recours.

La seconde raison, c'est qu'ayant veu l'affection que sa Majesté témoignoit auoir pour sa Nouuelle France , & la resolution qu'il a prise de détruire les Iroquois nos ennemis, & de peupler ce Pays icy; i'ay pesé que i'obligerois beaucoup de monde , de ceux qui auroient quelques desseins d'y venir, ou d'y faire venir quelques vns de leurs alliez, de leur pouuoir

faire connoiſtre le Pays
auant que d'y venir.

Il y a long-temps que
i'auois cette penſée, & i'at-
tendois toûjours que quelqu'vn miſt la main à la plume pour cét effet : mais
voyant que perſonne ne
s'en eſt mis en deuoir, ie me
ſuis reſolu de faire la pre-
ſente deſcription, en attendant que quelqu'autre la
faſſe dans vn plus beau ſti-
le : car pour moy, ie me
ſuis contenté de vous d'é-
crire ſimplement les cho-
ſes, ſans y rechercher le

beau langage; mais bien de
vous dire la verité auec le
plus de naïueté qu'il m'est
possible, & le plus briéve-
ment que faire se peut; ob-
mettant tout ce que ie
crois estre superflu, & ce
qui ne seruiroit qu'à em-
bellir le discours.

Ie ne vous diray quasi
rien qui n'aye déja esté dit
par cy-deuant, & que vous
ne puissiez trouuer dans
les Relations des R.R. P.P.
Iesuites, ou dans les Voya-
ges du Sieur de Cham-
plain: mais comme cela

n'est pas ramassé dans vn
seul Liure , & qu'il fau-
droit lire toutes les Relations, pour trouuer ce que
i'ay mis icy ; ce vous sera
vne facilité , sur tout pour
ceux qui n'ont autre des-
sein que de connoistre ce
que c'est du pays de la
Nouuelle France , & qui
ne se mettent pas en peine
de ce qui s'y est passé, ny
de ce qui s'y passe. C'est la
raison pour laquelle ie n'en
parleray point, quoy qu'il
y ayt eu quelque chose cette année de bien extraor-

dinaire , dont ie n'auois
rien veu de femblable , depuis enuiron trente ans
qu'il y a que ie fuis dans ce
Pays icy; qui eſt vn trem-
ble-terre qui a duré plus de
fept mois , fur tout vers
Tadouſſac, où il s'eſt fait
fentir extraordinairement;
il s'eſt fait là des remuë-
mens admirables. Nous en
auons eu dans les cómen-
cemens des atteintes aux
Trois-Riuieres, & meſme
iuſques au Mont-Royal.
Mais ce qui eſt de plus ay-
mable en tous ces boule-

uerſemens, & ces ſecouſ-
ſes ſépouuentables ; c'eſt
que Dieu nous a tellement
conſerué, que pas vne ſeu-
le perſonne n'en a receu la
moindre incommodité. Ie
n'en diray pas dauantage,
les Peres Ieſuïtes en font la
Deſcription, auec tous les
effets qu'il a produit, dans
leur Relation , que vous
pourez voir auec bien plus
de plaiſir , le tout y eſtant
mieux d'écrit que ie ne le
pourois pas faire. Vous
verrez cy-aprés les auanta-
ges que l'on peut tirer de

ces pays pour le temporel,
ie veux dire pour les biens
de la terre.

Pour le Spirituel, l'on ne
peut rien defirer de plus.
Nous auons vn Euefque
dont le zele & la vertu
font au delà de ce que i'en
puis dire : il eſt tout à tous,
il ſe fait pauure pour enri-
chir les pauures, & reſſem-
ble aux Euefques de la
primitiue Egliſe. Il eſt aſ-
ſiſté de pluſieurs Preſtres
ſeculiers, gens de grande
vertu, car il n'en peut ſouf-
frir d'autres. Les Peres Ie-

suites secondent ses des-
seins, trauaillant dans leur
zele ordinaire infatigable-
ment pour le salut des
François & des Sauuages.

En vn mot, les gens de
bien peuuent viure icy
bien contens ; mais non
pas les meschans, veu qu'ils
y font éclairez de trop
prés : c'est pourquoy ie ne
leur conseille pas d'y venir;
car ils pourroient bien en
estre chassez, & du moins
estre obligez de s'en retirer, comme plusieurs ont
déja fait : & ce sont ceux-

là proprement qui dé-
crient fort le Pays , n'y
ayans pas rencontré ce
qu'ils penſoient.

Ie ne doute pas que ces
gens-là , qui ont eſté le re-
but de la Nouuelle France,
quand ils entendront lire
cette mienne Deſcription,
ne diſent que j'aiouſte à la
verité: & peut-eſtre encore quelques autres perſonnes diront le meſme , non
pas par malice , mais par
ignorance: Ie vous aſſeure,
mon cher Lecteur , que
i'ay veu la plus grande par-

tie de tout ce que ie dis, &
le reste ie le sçay par des
personnes tres-dignes de
foy.

Ie sçay bien que vous
trouuerez d'autres fautes,
& quantité mesme contre
l'ordre de la narration;
mais ie crois que vous me
les pardonnerez bien vol-
lontiers, quand vous con-
sidererez que ce n'est pas
mon mestier de composer;
que d'ailleurs ie n'ay fait
ce petit abregé de la Nouuelle France , que pour
obliger diuerses person-

nés, en attendant que quelque meilleure plume le
fasse plus exactement &
dans vn plus beau stile;
c'est en partie pour cela
que i'ay obmis quantité de
belles choses dignes d'vn
Lecteur curieux, & n'ay
cherché qu'à estre le plus
bref qu'il m'a esté possible,
& cependant donner à
connoistre ce qui est abso-
lument necessaire.

TABLE
DES CHAPITRES,

HISTOIRE
NATVRELLE
DE
CANADAS.

De la Nouuelle-France en general.

CHAPITRE PREMIER.

ARLANT de la Nou-
uelle-France en gene-
ral , ie peux dire que
c'est vn bon Pays, &
qui contient en soy vne bonne
partie de ce que l'on peut de

A

rer. La terre y est tres-bonne,
y produit à merueille, & n'est
point ingratte ; Nous en auons
l'experience. Le Pays est côuert
de tres-belles & épaisses forests,
lesquelles sont peuplées de quantité d'Animaux, & de diuerses es-
peces ; & ce qui est encor plus
considerable, c'est que lesdites forests sont entre-coupées de grandes & petites riuieres de tres-bon-
nes eaux, auec quantité de sour-
ces & belles fontaines ; de grands
& petits lacs, bordez aussi-bien
que les riuieres de belles & grandes prairies, qui produisent d'aussi bonnes herbes qu'en France :
Dans ces lacs & riuieres, il s'y
trouue grand nombre de toutes
sortes de Poissons, tres-bons &
delicats ; Il s'y rencontre aussi
grande quantité de Gibier de riuiere : le Pays est fort sain ; les

Animaux qu'on amene de France se nourrissent fort bien ; on y void plusieurs plantes rares qui ne se trouuent point en France ; il y a peu de plantes qui soient nuisibles à l'homme ; & au contraire, il y a beaucoup de simples qui ont des effets merueilleux. Il y a aussi peu d'Animaux mal-faisans : on a découuert des fontaines d'eau salée, dont l'on peut tirer de tresbon sel, & d'autres qui sont Mineralles. Il y en a vne au Pays des Iroquois, qui jette vne eau grasse, qui est comme de l'huile, & dont on se sert en beaucoup de choses au lieu d'huile. Il y a aussi plusieurs mines, à ce que l'on dit : ce dont ie suis asseuré, c'est qu'il y en a de fer & de cuiure en plusieurs endroits ; diuerses personnes dignes de foy m'ont asseuré qu'il y en a vne de plomb fort abondante, & qui n'eſt pas bien loin de nous : mais comme c'eſt ſur le chemin par où paſſent nos Ennemis, on n'a encore ozé y aller pour en faire la découuerte: Les climats y ſont differens ſelon les lieux ; mais ie puis rouſiours dire en gros, qu'aux lieux les plus froids , l'Hyuer y eſt plus guay qu'en France. Ie donneray vne plus parfaite connoiſſance, quand ie traitteray de chaque choſe en particulier, comme j'eſpere faire pour la ſatisfaction du Lecteur.

La Nouuelle-France eſt vn tres-grand Pays, qui eſt coupé en deux par vn grand fleuue nommé le Fleuue ſaint Laurens : Son embboucheure commence à Gaſpé, & a cinquante lieuës de large : pour ſa longueur, nous n'en ſçauons autre choſe , ſinon qu'il prend ſon origine du lac des Hurons , autrement appellé la Mer-douce , que l'on tient auoir enuiron trois cens lieuës de contour ; de sorte qu'il se trouue que depuis Gaspé jusques audit lac, il y a prés de cinq cens lieuës , par le circuit qu'elle fait.

Dans cedit lac ou mer-douce , se décharge vn autre lac appellé le lac Superieur , lequel ne luy cede gueres , selon le rapport qui nous en a esté fait par les Sauuages de ces Pays-là , & mesme par des François qui en sont venus depuis peu.

Tout ce grand Pays nous demeure inconnu , à cause de la guerre des Iroquois , qui nous empeschent d'en faire la découuerte, comme il seroit souhaitable.

Il est vray que ce Pays de la Nouuelle-France a quelque chose d'affreux à son abord : car à voir

l'Iſle de Terre-neufve, où eſt Plai-
ſance, les Iſles Saint Pierre, le Cap
de Baye, l'Iſle Saint Paul, & les autres Terres de l'entrée du Golfe,
tout cela donne plus d'effroy &
d'enuie de s'en éloigner, que de
deſir d'y vouloir habituer ; c'eſt
pourquoy ie ne m'eſtonne pas ſi
ce Pays a demeuré ſi long-temps
ſans eſtre habitué. Ie trouue, apres
tout conſideré, qu'il ne luy man-
que que des Habitans. C'eſt la rai-
ſon qui m'a obligé à faire ce petit
Traité, pour informer auec verité
tous ceux qui auroient de l'incli-
nation pour le Pays de la Nouuelle-France, & qui auroient quelques volontez de s'y venir habituer, & pour oſter la mauuaiſe opi-
nion que le vulgaire en a, & que
mal-à-propos on menace d'enuoyer les garnemens en Canadas
comme par punition ; vous aſſeu-

rant que tout au contraire , il y a
peu de personnes de ceux qui y
font venus , qui ayent aucun deffein de retourner en France , fi
des affaires de grande importance
ne les y appellent ; & ie vous diray
fans déguifement , que pendant
mon féjour à Paris & ailleurs l'année precedente, j'ay fait rencontre
de plufieurs perfonnes affez à
leur aife , qui auoient efté par cy-
deuant Habitans de noftre Canada, & qui s'en eftoient retirez à
caufe de la guerre , lefquels m'ont
affeuré qu'ils eftoient dans vne
grande impatience d'y reuenir :
tant il eft vray que la Nouuelle-
France a quelque chofe d'at-
trayant pour ceux qui en fçauent
goufter les douceurs.

Pour vous rendre la fuitte de ce
Traitté plus intelligible, ie vous
diray la diftance qui fe trouue de

lieux à autres qui font habitez,
ou qui font remarquables pour
leur Havres, ou pour autres chofes.

Nous lairons donc toute l'entrée du Golfe, dont j'ay parlé cy-
deffus, comme d'vn Pays qui ne
vaut pas la peine qu'on en écriue
rien ; Nous dirons feulement que
depuis l'Ifle Percée jufques à Gafpé, il y a fept lieuës, de Gafpé à
Tadoulfac quatre-vingt trois
lieuës ; de Tadouffac iufques à
Quebec, trente lieuës ; de Quebec
iufques aux trois Riuieres trente
lieuës, des trois Riuieres au mont-
Royal trente lieuës, des trois Riuieres iufques aux Iroquois d'en-
bas, nommez Anieronnons, qui
font proche de la Nouuelle-Hol-
lande, il y a enuiron quatre-vingt
lieuës ; du mont-Royal iufques
aux Iroquois du milieu, nom-

mez Onnontagueronnons, il y a
pareillement enuiron quatre-
vingt lieuës : du mont-Royal iufques au Pays où demeuroient autrefois les Hurons , il y a deux
cens lieuës : tout ce grand fleuue
& ces grands lacs font remplis de
belles Ifles de toute forte de gran-
deurs.

La grande Riuiere vient du
Couchant au Leuant. L'eau en eft
falée iufques au Cap Tourmente,
qui eft fept lieuës au deffous de
Quebec ; l'on compte de Quebec
fur le grand Banc de Terre-neufve, où l'on va pefcher les Moluës,
trois cens lieuës.

Aux enuirons de l'Ifle Percée,
il fe trouue grand nombre d'hui-
tres en écailles , qui font parfaitement bonnes. Il y a auffi en ces
quartiers-là vn tofteau de charbon de terre ; il y a pareillement

A v

vn peu plus deça vne Platriére ; il
me reste à vous dire par quelle
hauteur sont nos habitations,
pour vous rendre le tout plus intelligible.

Vous sçaurez donc que Gaspé
est par les quarante-neuf degrez
& dix minuttes ; Tadoussac par
les quarante-huit degrez & vn
tiers; Quebec par les quarante-six
trois quarts ; les trois Riuieres par
les quarante-six ; Mont-Royal
par les quarante-cinq ; les Irro-
quois du Milieu, où on auoit habitué cy-deuant , nommez Ou-
nontagueronnons , par les qua-
rante-deux & vn quart.

Briefue description de Quebec, & de quelques-autres lieux.

CHAPITRE SECOND.

COmme ie seray obligé dans la suitte de mon discours, de parler souuent de Quebec, qui est la principale habitation que nous ayons en la Nouuelle-France, & le lieu qui a esté le premier habité par les François ; I'ay creu qu'il estoit à propos que j'en fisse dés le commencement vne grossiere description, afin de donner plus d'intelligence au Lecteur.

Quebec est donc la principale habitation où reside le Gouuerneur General de tout le Pays, il y a vne bonne forteresse & vne bon-

ne garniſon : comme auſſi vne
belle Egliſe qui ſert de Paroiſſe,
& qui eſt comme la Cathedrale de
tout le Pays : le Seruice s'y fait
auec les meſmes ceremonies que
dans les meilleures Paroiſſes de
France ; c'eſt auſſi dans ce lieu que
reſide l'Eueſque. Il y a vn College
de Ieſuites, vn Monaſtere d'Vrſe-
lines qui inſtruiſent toutes les petites filles, ce qui fait beaucoup
de bien au Pays ; auſſi bien que le
College des Ieſuites pour l'inſtru-
ction de toute la jeuneſſe dans ce
Pays naiſſant. Il y a pareillement
vn Conuent d'Hoſpitalieres, qui
eſt vn grand ſoulagement pour les
pauures malades. C'eſt dommage
qu'elles n'ont dauantage de reuenu. Quebec eſt ſitué ſur le bord
du grand fleuue ſaint Laurens, qui
a enuiron vne petite lieuë de large
en cet endroit-là, & qui coule en-

tre deux grandes terres éleuées;
cette forterefſe, les Egliſes & les
Monaſteres, & les plus belles maiſons, ſont baſties ſur le haut; pluſieurs maiſons & magazins ſont
baſtis au pied du coſteau, ſur le
bord du grand Fleuue, à l'occaſion des Nauires qui viennent juſ-
ques-là; car c'eſt là le terme de la
Nauigation pour les Nauires; l'on
ne croit pas qu'ils puiſſent paſſer
plus auant ſans riſque.

Vne lieuë au deſſous de Quebec la riuiere ſe ſepare en deux, &
forme vne belle Iſle, qu'on appelle
l'Iſle d'Orleans, qui a enuiron dix-
huit lieuës de tour, dans laquelle
il y a pluſieurs Habitans : les terres y ſont fort bonnes; il y a auſſi
quantité de prairies le long des
bords.

Quebec eſt baſty ſur le roc; &
en creuſant les caues, on tire de la

pierre dequoy faire les logis ; toutesfois cette pierre n'eſt pas bien
bonne , & elle ne prend pas le
mortier : c'eſt vn eſpece de mar-
bre noir ; mais à vne lieuë de là ,
ſoit au deſſus ou au deſſous, on en
trouue qui eſt parfaitement bonne ſur le bord dudit fleuue , qui ſe
taille fort bien. On trouue dans
Quebec de la pierre à chaux , &
de la terre graſſe pour faire de la
brique , paué , thuile , & autres
choſes ſemblables; quatre ou cinq
cens pas au deſſous de la fortereſſe, la terre eſt coupée par vne belle
riuiere , nommée la riuiere ſaint
Charles , qui a prés d'vne lieuë de
large en ſa décharge dans la grande riuiere , quand la marée eſt
haute ; car de marée baſſe , elle eſt
preſque toute à ſec , ce qui eſt vne
belle commodité pour bien prendre du poiſſon , qui eſt vn bon ra-

fraîchiſſement aux Habitans de ce
lieu-là; ſur tout, le Printemps qu'il
s'y peſche vne infinité d'alozes. Au
deſſous de cette riuiere, le pays
deuient plat, & eſt habité juſques
à ſept lieuës en bas ; les marées y
ſont parfaitement reglées , elles
deſcendent ſept heures, & montent cinq , & chaque fois retar-
dent de trois quarts d'heure.

Quebec eſt ſitué du coſté du
Nort, & eſt habitué aſſez auant
dans les terres, qui s'y ſont trou-
uées bonnes : Il eſt habitué auſſi
trois lieuës en montant ; mais les
terres n'y ſont pas ſi bonnes: comme pareillement du coſté du Sud,
les terres quoy que bonnes , y
ſemblent vn peu plus ingrates.

La peſche eſt abondante en tous
ces quartiers-là de quantité de
ſortes de poiſſons, comme Eſtur-
geons, Saumons , Barbuës , Bar ,

Alozes,& pluſieurs autres : mais ie
ne puis obmettre vne peſche d'anguille qui ſe fait en Automne, qui
eſt ſi abondante , que cela eſt in-
croyable à ceux qui ne l'ont pas
veu. Il y a tel homme qui en a pris
plus de cinquante milliers pour ſa
part. Elles ſont groſſes & grandes,
& d'vn fort bon gouſt,meilleures
qu'en France de beaucoup , on en
ſale pour toute l'année qui ſe con-
feruent parfaitement bien, & ſont
d'vne excellente nourriture pour
les gens de trauail.

La chaſſe neſt pas ſi abondante
à preſent proche de Quebec,com-
me elle a eſté : le Gibier s'eſt reti-
ré à dix ou douze lieuës de là. Il
reſte ſeulement des Tourterelles
ou des Biſeaux qui ſont icy en a-
bondance tous les Eſtez, il s'en tuë
iuſques dans les Iardins de Quebec , & des autres habitations ; el-

les durent seulement quatre mois
de l'année.

On y seme de toutes sortes de
choses, tant dans les champs que
dans les jardins, tout y venant fort
bien, comme ie diray cy-apres,
nonobstant la longueur de l'Hyuer.

Puisque ie suis tombé sur l'Hyuer, ie diray vn petit mot en passant des Saisons : on n'en compte
proprement que deux, car nous
passons tout d'vn coup d'vn grand
froid à vn grand chaud, & d'vn
grand chaud à vn grand froid ;
c'est pourquoy on ne parle que
par Hyuer & Esté ; l'Hyuer commence incontinent apres la Tous-
faints ; c'est à dire les gelées, &
quelque-temps apres les neiges
viennent, qui demeurent sur la
terre jusques enuiron le quinzié-
me d'Auril pour l'ordinaire : car

quelquesfois elles font fonduës
pluftoft , quelquesfois auffi plus
tard ; mais d'ordinaire, c'eft dans
le feiziéme que la terre fe trouue
libre & en eftat de pouffer les
plantes & d'eftre labourée.

Dés le commencement de May,
les chaleurs font extrémement
grandes , & on ne diroit pas que
nous fortons d'vn grand Hyuer:
cela fait que tout auance , & que
l'on void en moins de rien la terre
parée d'vn beau verd : & en effet,
cela eft admirable, de voir que le
bled qu'on feme dans la fin d'A-
uril , & jufques au vingtiéme de
May, s'y recueille dans le mois de
Septembre , & eft parfaitement
beau & bon : & ainfi toutes les autres chofes auancent à proportion ; car nous voyons que les
choux pommez, qui fe ſement icy
au commencement de May , fe re-

plantent dans le vingt ou vingt-
quatriéme de Iuin, se recueillent
à la fin d'Octobre, & ont des pommes qui pezent des quinze à seize
liures.

Pour l'Hyuér, quoy qu'il dure
cinq mois, & que la terre y soit
couuerte de neiges, & que pendât
ce temps le froid y soit vn peu as-
pre, il n'est pas toutesfois desa-
greable : c'est vn froid qui est
guay, & la plufpart du temps ce
sont des iours beaux & serains, &
on ne s'en trouue aucunement in-
commodé : on se promene par
tout sur les neiges, par le moyen
de certaines chauffeures faites par
les Sauuages, qu'on appelle Ra-
quettes, qui sont fort commodes.
En verité, les neiges sont icy
moins importunes, que ne sont
les bouës en France.

Les Saisons ne sont pas égales

par tout le Pays : aux trois Riuieres il y a prés d'vn mois moins
d'Hyuer : au mont-Royal enuiron six semaines, & chez les Iroquois il n'y a qu'emuiron vn mois
d'Hyuer. Quebec , quoy que
moins fauorable pour les saisons
& pour l'aspect du lieu qui n'a pas
tant d'agrément , a toutefois vn
tres-grand auantage à cause du
nombre d'Habitans , & qu'il est
l'abord des Nauires qui viennent
de France.

Tadoussac, est vn lieu où les
Nauires abordoient autrefois, &
où ils faisoient leurs décharges
auant qu'on ozast les faire monter jusques à Quebec : tout ce
qu'il y a de considerable, c'est vne
belle anse en cul de sac, où les Nauires sont bien à l'abry, l'anse y
estant profonde & de bon an-
crage.

Il y a vne belle riuiere nommée
de Saguené , qui paſſe tout à trauers : on y a fait baſtir vne Chap-
pelle , vn Magazin , & vne petite
Fortereſſe , à l'occaſion de pluſieurs Sauuages qui y paſſét l'Eſté:
mais il n'y a perſonne qui y ha-
bite , le Pays n'eſtant pas propre,
tant pour les terres que pour la
ſaiſon , quoy que la peſche y ſoit
fort bonne.

Mais diſons vn mot de l'habitation des trois Riuieres : c'eſt vn
fort beau Pays à voir, vn Pays
plat , point montagneux , qui a
de fort beaux bois : pluſieurs riuieres & lacs entrecoupent ſes terres,
qui ſont toutes bordées de belles
prairies ; ce qui fait qu'il y a quantité d'Animaux , & ſur tout des
Elans, Caribous, & Caſtors, &
tres-grand nombre de Gibier &
de Poiſſon.

Les terres que l'on a commencé à deferter font fablonneufes, mais qui ne laiffent pas de produire à merueille, eftant vn fable gras au deffus. On s'eft bafty feulement du cofté du Nort.

Il y a comme deux habitations feparées par vne groffe riuiere, on l'appelle les Trois-Riuieres, à caufe qu'eftant entrecoupée par des Ifles, elle fait comme trois riuieres en ce lieu-là, qui vient de dedans les terres du cofté du Nort.

Mont-Royal, qui eft la derniere de nos habitations Françoifes, eft plus auancée dans les terres. Elle eft fituée dans vne belle grande Ifle nommée l'Ifle du môt-Royal, les terres y font fort bonnes. C'eft terre noire ou pierreufe, qui produit du grain en abondance : tout y vient parfaitement bien, mais fur tout les melons & les oignons.

la pesche & la chasse y est tres-
bonne : tout le Pays d'alentour est
parfaitement beau, & tant plus
l'on monte en haut du costé des Ir-
roquois, plus le Pays y est agreable : c'est vn Pays plat, vne forest
où les arbres sont gros & hauts extraordinairement ce qui monstre
la bonté de la terre, ils y sont clairs
& point embarassez de petit bois :
ce seroit vn Pays tout propre à
courir le Cerf, dont il y a abondance, s'il y auoit en ce Pays des
Habitans qui eussent des cheuaux
pour cela, & que l'Iroquois eust
esté vn peu humilié, ou pour
mieux dire dompté : la pluspart
de ces arbres sont des chesnes.

Mais ne nous amusons pas si
long-temps sur les chemins, & en-
trons tout d'vn coup dans le grand
lac des Iroquois, après auoir passé au trauers de plus de deux cens

Isles qui sont à l'entrée, dont les
deux tiers ne sont que prairies, &
l'autre tiers, des rochers en pain
de sucre. Laissons à droit & à gauche, & dans les Isles, vn grand
nombre de bestes qu'on y rencontre, qui sont quelquesfois plus de
cinq cens tout d'vne bande.

Ce Pays des Iroquois dont ie
veux parler, & qui est sur le bord
de nostre grand Fleuue, puisqu'il
passe au trauers de leur grand Lac,
est vn fort bon Païs & bien agreable : la terre en est parfaitement
bonne, & la meilleure que l'on
puisse rencontrer ; ainsi qu'on
peut juger par les arbres. Il ne s'y
rencontre quasi point de sapinie-
res, mais au contraire rien que
beaux bois, qui sont chesnes, cha-
stagniez, noyers, hestres, bois blãc,
meuriers, & quantité d'autres
beaux arbres dont nous n'auons
point

point de cõnoiſſance en ces quartiers, ce qui eſt cauſe que ie n'en
ſçay point les noms; Les arbres
fruitiers ſont plus en abondance.
Comme auſſi la chaſſe des beſtes
fauues, & du Gibier. Il y a pluſieurs fontaines d'eau ſalée, dont
l'on fait de tres-beau & bon ſel.
La quantité des prairies eſt admirable : & les quatre Saiſons y ſont
comme en France, ſinon que l'Hyuer n'y eſt pas ſi long; la peſche y
eſt abondante, ſur tout de Sau-
mon, Eſturgeon, Barbuë, & Anguille, dont il y a des quantitez
prodigieuſes : tous ces grands
Pays-là ſont de meſme.

Ie ne parleray point du pays des
Hurons, puiſqu'il eſt abandonné,
tant des François que des Sauuages, qui ont eſté obligez de le quit-
ter, à cauſe des Iroquois : le Pays
eſt tres-beau & bon, preſque tout

B

deserté comme en France , situé
sur le bord du grand Lac , qui a
trois cens lieuës de circuit , & qui
est remply d'vn nombre infiny
d'Isles de toutes façons, beau bois,
bonne terre , abondance de chasse
& de pesche en toute saison, l'Hyuer y dure quatre mois. I'y ay veu
vne pesche qui est fort agreable,
qui se fait aussi-bien l'Hyuer sous
les glaces, que pendant l'Esté ; c'est
celle du Haran dont il y a abondance. Ce qui est encor de beau à
voir en ce Pays-là , ce sont plusieurs petits lacs d'vne lieuë & de
deux lieuës de tour, qui se voyent
au milieu de ces terres deffrichées,
bordées de prairies tout à l'entour , & en suitte d'vn petit bois,
d'où sortent quantité de Cerfs qui
viennent paistre ; de sorte qu'allant à l'affust, on ne peut manquer
de faire coup ; & à la saison vous

les voyez tous chargez de Gibier
de riuiere. Les Coqs-d'Indes &
autres oyſeaux ſe trouuent dans
les champs. Mais ie ne vous veux
& ie ne puis pas faire la deſcription de tous les beaux lieux de
ces Pays-là, ny des commoditez
qui s'y rencontrent, & eſtre bref
comme ie pretens.

Deſcription des Terres dont nous auons connoiſſance.

CHAPITRE III.

IE crois qu'il n'eſt pas hors de
propos de vous faire icy vne
petite deſcription des Terres dõt
nous auons connoiſſance, comme
elles ſont differentes en diuers
lieux, ſoit pour la forme, la bonté & la nature de la terre.

Ie ne vous parleray point des premieres qu'on rencontre venant de France, puis qu'elles ne valent pas la peine que l'on en parle, en comparaison des autres: à proprement parler, ce ne font pas des terres, mais de grands rochers horribles à voir.

Depuis l'Isle Percée, qui est l'emboucheure du fleuue, jusques vis-à-vis de Tadouſſac du coſté du Sud, que les Nauires frequentent quand ils montent à Quebec, toutes les terres paroiſſent hautes, & la pluſpart grandes montagnes: c'eſt ce qui a donné le nom aux Monts Noſtre-Dame, qui tiennēt vne partie de ce chemin-là, & l'on dit qu'ils ne ſont quaſi iamais découuerts de neige, & par conſequent inhabitables: ce n'eſt pas qu'il n'y ait entre leſdites Montagnes & le bord du grand Fleuue,

quatre, cinq, & quelquefois huit
lieuës de plat-pays, & que tout ce
pays ne soit coupé d'espace en espace par de belles riuieres. Ie le
juge toutefois fort mal-propre
pour estre habité, sinon Gaspé que
j'estime fort propre à faire vne
habitation; c'est vne Baye qui entre dans les terres assez auant, &
qui fait vn bassin propre à mettre
des Nauires à l'abry.

Dans le fond de la Baye, les terres paroissent fort propres à habiter. D'ailleurs, il y a grande pesche de Moluë en ces quartiers-là.

Il y a aussi trois autres beaux Havres dix ou douze lieuës au des-
sous; sçauoir l'Isle Percée, Bona-
uenture, & Miscou, où toutes les
années des Nauires vont à la pesche de la Moluë en tous ces Havres. Ce seroit vn lieu tres-propre
pour auoir correspondance auec

Quebec, puis qu'on y va facilement auec des Barques & des Cha-
louppes.

Là au droit se voit l'Isle d'Anti-
costi, dont ie ne vous parleray pas
n'y ayant point esté, seulement ay-
je ouy dire que c'estoit vne fort
belle terre, aussi-bien que la coste
du Nort, depuis Tadoussac descendant en bas, dans laquelle on rencontre quantité de belles riuieres,
bien profondes & grandement
poissonneuses; mais sur tout, abo-
dantes en Saumons; il y en a des
quantitez prodigieuses, selon le
raport que m'en ont fait ceux qui
y ont esté.

Depuis Tadoussac jusques à
sept lieües proche de Quebec, que
l'on nomme le Cap-Tourmente,
le Pays est tout à fait inhabitable,
estant trop haut, & tout de roche,
& tout à fait escarpé. Ie n'y ay ra-

marqué qu'vn seul endroit, qui est
la Baye saint Paul, enuiron sur la
moitié du chemin , & vis-à-vis
l'Isle aux Coudres,qui paroist fort
belle lors qu'on y passe , aussi-bien
que toutes les Isles qui se trouuent
depuis Tadoussac jusques à Quebec,lesquelles sont toutes propres
à estre habitées. Ie n'en fais point
de description en particulier ,
n'ayant dessein que de vous donner vne briefue connoissance de
tout le Pays , & de quelques lieux
principaux.

La coste du Sud depuis Tadoussac jusques à Quebec est-fort belle,
& vne terre plus basse & qui paroist par les arbres dont elle est
chargée , estre fort bonne. Il y a
plusieurs belles riuieres toutes
remplies de poissons & de gibier
dans la saison : il se trouue de belles prairies le long de la coste , ce

qui fait qu'il y a quantité de bestes
fauues.

Depuis Quebec jusques aux
trois-Riuieres du mesme cofté du
Sud, les terres font affez belles, &
il y a d'affez beau bois ; mais elles
font éleuées jusques à fix ou fept
lieuës au deffous des trois-Riuieres, où elles commencent à eftre
baffes, belles, vnies : & cela conti-
nuë jufques dans le pays des Iroquois. Ces terres font parfaitement bonnes, entrecoupées de riuieres, garnies de lacs par endrois.
Quantité de prairies fe rencontrent non feulement le long du
fleuue, à l'entour des lacs dans ces
petites riuieres, mais encore dans
les terres : ce qui fait que la chaffe
y eft abondante, tant d'Oyfeaux
que d'Animaux.

Du cofté du Nort depuis le Cap-
Tourmente, qui eft fept lieuës plus

bas que Quebec, jufques au Cap-
Rouge, qui eft trois lieuës au deffus; cela eft habité le long du grand
Fleuue: depuis le Cap-Rouge jufques à la riuiere fainte Anne, qui
font enuiron dix-fept lieuës de
Pays en montant, les terres y font
affez belles; mais l'abord n'en eft
pas fi agreable, à caufe que la plufpart de la cofte eft pierreufe. Il ne
laiffe pas de s'y trouuer de belles
riuieres, & des prairies par endroits. Depuis la riuiere fainte
Anne jufques aux trois-Riuieres,
qui contient enuiron dix lieuës de
pays, les terres y font tres-belles &
baffes; le bordage le long du grand
Fleuue eft fable ou prairies; les fo-
refts y font tres-belles & bien-aisées à défricher.

Depuis Quebec jufques aux
trois-Riuieres, il n'y a point d'Ifles,
finon deux petites d'enuiron vne

lieuë de tour chacune, & qui sont
proche de la terre-ferme du costé
du Nort ; elles se nomment l'Isle
sainte Anne, & l'Isle saint Eloy.

Depuis les trois-Riuieres jusques au mont-Royal, il y en a
quantité & de fort belles, & la
pluspart n'ont pas encore de nom ;
quelques-vnes des principales
s'appellent l'Isle saint Ignace, au-
prés de laquelle il y en a prés d'v-
ne vingtaine, que l'on appelle les
Isles de Richelieu. Ie ne diray rien
de leurs beautez, ny de la grande
chasse & pesche qui s'y rencontre ;
ie serois trop long si à tous les endroits j'en voulois faire vne dedu-
ction ; ie me contenteray seulement de dire que les prairies sont
abondantes.

Il croist dans les bois vne quantité prodigieuse d'ortyes propres
à faire du chanvre ; les Sauuages,

Hurons & Iroquois s'en seruent pour faire diuers ouurages, comme des sacs, rets, colliers & armures; il s'en trouue grande quantité en beaucoup d'endroits de ce Pays icy.

En suite se void d'autres Isles, qu'on nomme les Isles Bouchard; plus haut sont les Isles saint Iean, en suite les Isles Percées, l'Isle de sainte Therese, l'Isle saint Paul, & plusieurs autres qui n'ont point encore de nom, toutes tres-belles & bien commodes pour estre habitées, & qui d'ailleurs sont abondātes en chasse, pesche, & prairies.

Suiuant la coste du Nort, le Pays est tres-beau, & tout le long du fleuue se font prairies; beaucoup de petites riuieres arrousent ces terres.

La riuiere des Prairies est vne grande riuiere qui se joint au fleu-

ue saint Laurent six lieuës au des-
fous de l'habitation de mont-
Royal, vingt-quatre lieuës au des-
fus des trois-Riuieres ; l'on prend
cette riuiere pour aller au pays
des Hurons, quoy que le chemin
en foit beaucoup plus long & plus
mal-aisé que l'autre, pour éuiter
les Iroquois qui habitent fur le
bord du grand lac qu'on appelle
le lac des Iroquois, par où paffe
cette grande riuiere.

Ie ne feray point la defcription
des Terres qui fe rencontrent des
deux coftez de cette riuiere qui
tire au Nort, veu qu'il eft mal-aisé
d'y pouuoir habiter à caufe des
fauts ou cafcades d'eaux qui s'y
rencontrent, qui empefchent la
riuiere d'eftre nauigable à d'autres baftimens qu'aux petits Vaiffeaux dont fe feruent nos Sauuages, qui peuuent eftre tranfportez

d'vn lieu à vn autre, ſans autre
machine que lés épaules d'vn hō-
me, ou de deux au plus. C'eſt bien
dommage ; car il y a de tres-beaux
Pays, & qui meriteroient bien d'ê-
tre habitez : mais ſur tout, vn endroit appellé la petite Nation, qui
eſt enuiron vingt ou trente lieuës
au deſſus du mont-Royal, & qui
contient preſque vingt lieuës de
pays le long du fleuue, le plus beau
qui ſe puiſſe voir pour vn Pays
non-habité ; car les Iroquois en
ont chaſsé les Sauuages qui y ha-
bitoient. C'eſt vn beau bois remply de petits lacs & de prairies,
auec vn fort grand nombre de petites riuieres : tout cela ſi plain de
chaſſe & de peſche, qu'il n'eſt pas
croyable : mais ce qui eſt le plus
admirable, c'eſt le grand nombre
de beſtes fauues qui s'y rencontre ;
car ie ſçay qu'il y a eu de nos

François qui en descendant des
Hurons , ont fait rencontre de
bandes de ces animaux , qu'on appelle icy Vaches sauuages, qui sont
proprement de grands Cerfs, où
ils estimoient qu'il y en auoit bien
huit à neuf cens, sans parler des
vrais Cerfs, des Ours, Elans, Ca-
stors, Loutres, Rats musquez , &
plusieurs autres sortes d'animaux:
mais la porte en est fermée , par
vn grãd sault qui a pour le moins
trois lieuës de long : quand ie dis
fermée , c'est pour le present ; car
quand le Pays sera habité , & que
les Iroquois seront soubmis , on
trouuerra bien l'inuention de s'en
rendre l'entrée facile : & puis on
ne mãque pas de beaux lieux à habiter , qui ne peuuent pas estre oc-
cupez d'icy à bien long-temps. En
voila ce me semble assez pour cõ-
noistre le Pays ; disons seulement

vn petit mot du terroir : il s'y
trouue de la terre-glaise par endroits. La terre est noire, sablon-
neuse, rouge, pierreuse en d'autres endroits ; mais toutes sont assez fertiles : & pour preuue de cela, ie feray le Chapitre suiuant des
arbres qu'elle produit.

*Des Arbres qui croissent
dans la Nouuelle-
France.*

CHAPITRE IV.

IE vois bien que le Lecteur curieux demande desia quels sortes d'arbres croissent dans ces grâ-
des forests, & si ce sont tousiours
les mesmes par tout, à quoy sont-
ils bons ? S'en peut-on seruir à
quelques choses ? Sont-ils gros ?

Sont-ils hauts? Le bois est-il sain ?
A toutes ces questions, mon cher
Lecteur, ie vous y répondray, vous
en faisant la description la plus
naïfue que ie pourray, & auec
toute la sincerité possible, tâchant
de fuyr toutes exagerations, comme j'ay fait, & comme j'espere de
faire dans tout le reste de mon discours : en suitte vous jugerez à
quoy ils sont propres, & ce qu'on
en pourra faire. Ie n'y garderay
point d'ordre : ie les nommeray
comme ils me viendront en la me-
moire ; ie commenceray par vn,
qui est le plus vtile icy, que l'on
nomme Pin, qui n'apporte pas de
fruit comme ceux de l'Europe ; il
y en a de toutes grosseurs & gran-
deurs ; ils viennent ordinairement
de la hauteur de cinquante à soixante pieds, sans branches : l'on
s'en sert pour faire de la planche,

qui est fort belle & bonne ; & l'on
dit que ces arbres seroient bien
propres à faire des masts de Nauires. Il s'en trouue d'assez menu &
haut pour cêt effet : ces arbres
sont fort droits : il y a de grands
Pays qui n'en portent point : mais
les lieux où ils naissent sont appellez Pinieres.

Ces arbres rendent quantité de
gomme ; les Sauuages s'en seruent
pour brayer leurs carrots, & on
s'en sert heureusement pour les
playes, où cette gomme est fort
souueraine.

Il croist aussi des Cedres, le bois
en est fort tendre, il a la fueille
platte, & le bois est quasi comme
incorruptible : c'est pourquoy on
s'en sert icy pour faire les clostu-
res des jardins, & les poutres des
caues : il sent assez bon ; mais d'ordinaire les arbres ne sõt pas sains :

cependant il s'en trouue plufieurs
gros qui pourroient feruir à faire
du meuble : il rend vne gomme,
qui eftant brûlée , a vne tres-bonne odeur comme de l'encent. Ie ne
fçache pas qu'elle aye d'autre qualité.

Il y a des fapins comme en France: toute la difference que j'y trouue , c'eft qu'à la plufpart il y vient
des bubons à l'écorce , qui font
remplis d'vne certaine gomme li-
quide qui eft aromatique , dont
on fe fert pour les playes comme
de baûmes, & n'a pas gueres moins
de vertu , felon le raport de ceux
qui ont fait l'experience : on en
dit plufieurs autres chofes , mais
ie laiffe cela aux Medecins.

Il y a vne autre efpece d'arbre,
qu'on nomme Epinette:c'eft quafi
comme du fapin , finon qu'il eft
plus propre à faire des mafts de

petits Vaiſſeaux, comme de cha-
louppes & barques, eſtant plus fort
que le ſapin. Ie parle de l'Eſpinette
verte : car il y en a deux ſortes ;
l'vne verte, & l'autre rouge.

L'Epinette rouge eſt d'vn bois
plus ferme & plus peſant, & fort
propre à baſtir ; elle ſe dépoüille
de ſes fueilles en Automne, & les
reprend au Printemps : ce qui
n'arriue point aux autres ſapinages. L'eſcorce en eſt rouge ; il ne
rend point quaſi de gomme ; tout
au contraire de l'Epinette verte
qui en a quantité.

Il y a encore vne autre eſpece
que l'on appelle Pruſſe ; ce ſont
ordinairement de gros arbres qui
ont trente ou quarante pieds de
haut ſans branches : ils ont vne
groſſe écorce & rouge : ce bois ne
pourrit pas ſi facilement que les
autres ; c'eſt pourquoy on s'enſert

ordinairement pour baſtir. Ce
qu'il y a de mal dans ce bois, c'eſt
qu'il s'en trouue quantité de
roüillé, ce qui le fait rebuter. De
celuy-là il en vient par tout, en
bonne & mauuaiſe terre ; il ne
produit point de gomme.

Il faut remarquer que tous les
ſapinages ne croiſſent que dans
des lieux humides, à la reſerue des
Pins & Pruſſes, qui viennent auſſi
bien aux lieux ſecs qu'aux lieux
humides.

Il y a vne autre eſpece d'arbre,
qu'on appelle Herable, qui vient
fort gros & haut : le bois en eſt
fort beau, nonobſtant qu'on ne
s'en ſert à rien qu'à brûler, ou pour
emmancher des outils, à quoy il
eſt tres-propre, à cauſe qu'il eſt ex-
tremémét doux & fort. Quand on
entaille ces Herables au Printéps,
il en dégoute quantité d'eau, qui

est plus douce que de l'eau dé-
trempée dans du sucre; du moins
plus agreable à boire.

L'arbre appellé Meriſier, deuient
gros & haut, bien droit. Son bois
ſert à faire du meuble, & à monter des armes. Il eſt rouge dedans,
& eſt le plus beau pour les ouurages qu'il y ait en ces quartiers. Il
ne porte aucun fruit.

On l'a nommé Meriſier, parce
que ſon écorce aſt ſemblable aux
Meriſiers de France.

Il y a auſſi du bois de heſtre, fort
beau & bon, qui porte de la fayne
comme en France: mais l'on ne
s'en ſert qu'à brûler.

Il ſe trouue de deux ſortes de
cheſnes; l'vn eſt plus poreux que
l'autre. Le poreux eſt propre pour
faire du meuble, & autre trauail
de menuzerie & de charpente:
l'autre eſt propre à faire des vaiſ-

feaux pour aller fur l'eau : ces arbres viennent hauts , gros , &
droits, & fur tout vers le Mont-
Royal.

Il y a auffi de deux fortes de
Frefne, l'vn appellé franc-Frefne,
& l'autre Frefne baftard : Ces arbres viennent bien hauts & bien
droits, le bois en eft fort beau &
bon.

Il y a des Ormes qui viennent
fort gros & hauts, le bois en eft
excellent, & les Charrons de ce
Pays s'en feruent fort.

Il y a des Noyers de deux fortes, qui apportent des noix : les
vns les apportent groffes & dures;
mais le bois de l'arbre eft fort tendre, & l'on ne s'en fert point, finon
à faire des fabots, à quoy il eft fort
propre : de celuy-là il y en a vers
Quebec & les trois-Riuieres en
quantité : mais peu en montant

plus haut; l'autre forte de Noyers apporte des petites noix rondes, qui ont l'écale tendre comme celles de France; mais le bois de l'arbre eft fort dur, & rouge dedans: on commence d'en trouuer au Mont-Royal, & il y en a quantité dans le pays des Iroquois. Les Sauuages mefme fe feruent des Noix à faire de l'huile, laquelle eft excellente.

Vne autre efpece d'arbre, que l'on appelle de la Plaine, eft quafi comme l'Herable; mais vn peu plus tendre, qui fert à brufler.

Il y a du Boulleau, dont les arbres viennent fort gros & hauts; nos Sauuages fe feruent de l'écorce pour faire leurs canots, & pour couurir leurs cabanes portatiues; cela fe roulant comme vn tableau, on le déroule & on l'étéd fur deux ou trois perches plantées en terre,

& on ſe met à l'abry là deſſous, comme on feroit ſous vne tente; les Sauuages en font encore des plats & autres petits vaiſſeaux à leurs vſages ; le bois en eſt fort beau & bien ſain, mais on ne s'en ſert à rien icy.

Il ſe trouue auſſi du Tremble de toutes façons; c'eſt à dire, gros & petit , qui ſert à la nourriture des Caſtors, qui en ayment fort l'écorce.

Il y a d'autres arbres appellez Bois blanc, que quelques-vns appellent Tillot; le bois en eſt blanc & bien tendre, qui pourrit facilement à l'eau : l'eſcorce ſert à nos Sauuages en beaucoup d'vſages; car celle des plus gros arbres leur ſert à faire vne eſpece de tonneau, dans lequel ils mettent leurs grains & autres choſes.

L'eſcorce des petits leur ſert à lier,

lier, & mesme ils en font vn chanvre, duquel ils se seruent pour faire des cordages.

Il y a des Chatagniers & des
Meuriers, qui se trouuent seulement dans le pays des Iroquois:
pour les Chattagniers, il y en a en
abondance, & qui raportent du
fruit aussi bon que ceux de France ; les arbres en sont beaucoup
plus gros & plus grands.

Il se void quantité d'autres arbres audit pays des Iroquois, qui
ne sont point icy dans nos car-
tiers , & dont ie ne sçay pas le
nom ; seulement sçay-je bien qu'il
y en a qui ont le bois rouge & fort
propre à faire du meuble.

Il y a aussi en ces quartiers abondance de Coudriers, qui raportent force noisettes, sureau, épine
blanche , qui apportent des fruits
plus gros que ceux de France, &

C

d'vn bien meilleur gouſt ; Pruniers qui apportent des prunes rouges de la groſſeur du Damas, & qui ſont d'vn aſſez bon gouſt, mais non pas toutesfois ſi bon que celles de France.

Il y a des Saules & des Aulnes en abondance.

Il s'y trouue des groſeliers qui apportent des groſeilles de deux ſortes ; les vnes comme en France, les autres toutes plaines de picquerons.

Il y a des gadeliers ou groſeilles rouges.

Il y a de petits arbres que l'on appelle Meriſiers, qui apportent de deux ou trois ſortes de petits fruits : le gouſt n'en eſt pas deſagreable ; mais ils ſont bien petits ; les arbres ne douiennent iamais gros.

Il y a encore d'autres petits frui-

tiers semblables, qui ne valent pas
la peine d'en parler, pour n'estre
pas considerables.

Puisque ie suis sur les fruitiers,
ie n'obmetray pas à vous parler
des framboisiers & fraisiers, qui
sont dans tout ce Pays en si grande abōdance, qu'il n'est pas croyable ; toutes les terres en sont remplies, & cela vient par dépit : cependant, ils produisent vne si
grande quantité de fruits, que
dans la saison on ne les peut épui-
ser : elles viennent plus grosses &
de meilleur goust qu'en France.

Il se trouue d'vne autre sorte de
petits fruits, gros comme de gros
pois, ils s'appellent Bluets, & sont
d'vn excellent goust : l'arbre qui
les produit n'a pas plus d'vn pied
de haut : ils ne croissent pas par
tout ; mais il y a des endroits où il
y en a grande quantité.

C ij

Les ronces de ce Pays produifent vn fruit qui eft quafi d'auffi bon gouft que nos meures de France ; il n'eft pas fi gros.

Il y a quantité de petits fruits dont ie ne fçay pas les noms, & qui ne font pas beaucoup exquis, mais fe mangent faute d'autres.

Il y a auffi abondance de vignes fauuages qui portent des raifins : le grain n'en eft pas fi gros que celuy de nos vignes de France, ny les grapes fi fournies : mais ie croy que fi elles eftoient cultiuées, elles ne differeroient en rien : le raifin en eft vn peu acre, & fait de gros vin, qui tache beaucoup, & qui d'ordinaire eft meilleur vn an apres, que l'année qu'il eft fait.

Quelques particuliers ont planté quelques pieds de Vigne venuë de France dans leurs jardins, qui ont rapporté de fort beaux & bons raiſins.

On n'a point encore planté icy d'arbres de France, ſinon quelques pommiers qui rapportent de fort bonnes pommes & en quantité, mais il y a bien peu de ces arbres.

❋❋❋❋❋❋❋❋❋❋❋❋❋❋❋❋❋❋❋

Noms des Animaux qui ſe rencontrent au Pays de la Nouuelle-France.

CHAPITRE V.

POur ſatisfaire à la promeſſe que j'ay faite dans mon premier Chapitre, de traiter de chaque choſe en particulier : Ie vous feray ce Chapitre du nom des Animaux, & des lieux où ils ſe rencontrent d'ordinaire ; car

comme vous sçauez , toutes les
choses ne sont pas en vn mesme
endroit. Par ce moyen , ie vous
osteray la confusion qu'on peut
auoir dans l'esprit , prenant les
choses en gros ou en general.

Commençons donc par le plus
commun & le plus vniuersel de
tous les Animaux de ce Pays, qui
est l'Elan , qu'on appelle en ces
quartiers icy Original : ils sont
plus grands d'ordinaire que de
grands mulets , & ont à peu prés
la teste faite de mesme. La difference qu'il y a , c'est que les masles
portent des bois fourchus comme
celuy des cerfs , sinon qu'ils sont
plats.Ils leur tombent tous les ans,
& croissent tous les ans d'vn four-
chon. La chair en est bonne & le-
gere , & ne fait iamais de mal. La
peau se porte en France pour la
faire passer en buffle , la mouelle

est medecinale contre les douleurs de nerfs. L'on dit que la corne du pied gauche est bonne pour le mal caduc ; c'est vn animal bien haut sur jambe & bien dispos : il a le pied fendu ; il est sans queuë ; il se deffend des pieds de deuant comme les cerfs.

Le Caribou est vn animal de la hauteur enuiron d'vn Asne, mais qui est fort dispos. Le masle a le pied fourchu, & l'ouure si large en courant, qu'il n'enfonce point l'Hyuer dans les neiges quelques hautes qu'elles puissent estre. Il porte vn bois fourchu, rond & bien pointu. La chair en est bonne à manger, & delicate.

L'Ours est de couleur noire, & n'y en a point de blancs en ces quartiers. La peau des petits est estimée pour faire des manchons. Ils ne font point mal-faisans si on

ne les irrite : la viande en est bonne à manger : la graisse fonduë
deuient comme de l'huile, & est
bonne contre les humeurs froides,
il est six mois sans sortir des lieux
où il se tient caché : il se retire
dans des creux d'arbres pour l'ordinaire : il ayme beaucoup la
gland ; de là vient qu'il y en a si
grande abondance allant au pays
des Iroquois : il est carnacier, tuë
les cochons pour les manger
quand il en attrape à l'écart.

Les Animaux qu'on appelle icy
Vaches sauuages, sont espece de
cerfs ; les masles portent des bois
tout semblables, & quittent leurs
bois tout les ans : ils ont le pied
fourchu ; ils sont grands comme
de grands Cerfs, la viande en est
delicate , & ces Animaux vont
ordinairement par bandes, & ne
se rencontrent pas par tout. On

n'en void point au deſſous des trois-Riuières, mais bien au deſſus; plus on monte en haut vers les Iroquois, & plus il y en a.

Il y a auſſi des Animaux qu'on appelle Cerfs, qui ſont de la meſme façon que ceux de France, à la reſerue qu'ils ſont plus petits, & d'vn poil plus blanchaſtre. De ceux-là il ne s'en trouue pas au deſſous du Mont-Royal, mais bien au deſſus; montant plus haut, il y en a ſans nombre.

Quant eſt des Animaux que l'on appelle Bufles, il ne s'en trouue que dans le pays des Outaoüak, enuiron à quatre ou cinq cens lieuës de Québec, tirant vers l'Occident & le Septentrion.

Il y a des Loups de deux ſortes, les vns s'appellēt Loups Ceruiers, dont la peau eſt excellente à faire des fourures. Ces Animaux abondent du costé du Nort, & il s'en trouue peu proche nos habitatiõs; les autres sont Loups Communs, qui ne sont pas du tout si grands que ceux de France, ny si malins, & ont la peau plus belle : ils ne laissent pas d'estre carnaciers, & font la guerre aux Animaux dans les bois : & quand ils trouuent de nos petits chiens à l'écart, ils les mangent. Il y en a peu vers Quebec. Ils sont plus communs à mesure que l'on monte en haut.

Il y a aussi quantité de Renards par tout le Pays : Comme ie ne trouue point qu'il y ait de difference auec ceux de France, ie n'en parleray point ; sinon qu'il s'en trouue quelquesfois de noirs, mais bien rarement.

Il y a vne autre sorte d'animal, plus petit qu'vn renard, qui monte sur les arbres : on l'appelle En-

fant du Diable ; il est extremément carnacier, & il a l'industrie
de tuer des Elans : la chair en est
bonne.

Il y a aussi quantité de Martres;
mais elles sont toutes rousses, & il
ne s'en void point de noires.

Il y a d'autres Animaux que
l'on appelle des Chats sauuages,
quoy qu'ils ne ressemblent gueres
aux autres Chats ; mais c'est à cause qu'ils grimpent aux arbres : ils
sont plus gros beaucoup que les
nostres : ils sont d'ordinaire extremément gras, la viande en est
bonne : les Sauuages se seruent de
la peau pour en faire des robes.

Il y a des Porcs-Epics Les Sauuages se seruent du poil qui est fort
gros, creux & pointu par les deux
bouts, pour faire diuers petits ouurages qui leur seruent d'orne-
mens parmy eux ; comme les pas-

semens parmy nous : la viande de
cét animal est bonne.

Il y a vn autre animal vn peu
plus petit, qu'on nomme Sifleur :
il loge en terre, & fait vne taniere
comme le renard : la viande en est
aussi bonne.

Il y a quantité de Liévres, ils ne
sont pas si grands que ceux de
France : Ce qui est remarquable,
c'est qu'en Esté ils sont gris, &
l'Hyuer ils sont blancs : ainsi ils
changent deux fois de couleur
l'année.

Il y a d'autres animaux que l'on
appelle Beste puante. Cét animal
ne court pas viste : quand il se
void poursuiuy, il vrine : mais
cette vrine est si puante, qu'elle
infecte tout le voisinage, & plus
de quinze iours ou trois semaines
aprés, on sent encor l'odeur apu-
prochant du lieu. Cét animal

étrangle les poules quand il les peut atraper.

Il y en a vne autre espece d'animaux qui leur font la guerre, qui font beaucoup plus petits, que l'on nomme Pefcheurs, parce qu'ils vont dans le fond de l'eau comme à terre.

Il y a quatre fortes d'Efcurieux, les vns font roux comme ceux de France; d'autres font plus petits, & ont deux barres blanches & noires tout le long du dos, on les nomme Efcurieux Suiffes; il y en a d'vne troisiéme forte, qui font gros & cendrez, qu'on appelle Efcurieux Volans, parce qu'ils volent en effet d'vn arbre fur l'autre, par le moyen de certaines peaux qui s'eftendent lors qu'ils ouurét les pates: ils ne volent iamais en montant comme les oyfeaux, mais droit ou en defcendant; ils font

beaux & mignons : la quatriéme
espece sont des Escurieux noirs ;
ils sont plus gros que tous les autres : la peau en est tres-belle, &
les Sauuages s'en seruent à faire
des robes : cét animal est joly &
curieux ; mais il ne s'en trouue
que dans le pays des Iroquois.

Apres cela, nous parlerons des
animaux Amphibies, qui viuent
& dans l'eau & sur terre, comme
Castor, Loutre, & Rat musqué.

Le Castor ou Biévre est vn animal qui a les jambes fort courtes,
vit dans l'eau & sur terre : il a vne
grande queuë platte, dont la peau
est en façon d'écaille : vous sçauez que le poil sert à faire des cha-
peaux, & c'est le grand traffic de
ce Pays-icy.

Ces animaux multiplient beaucoup ; la chair en est delicate comme celle de mouton : les testicules

font recherchez par les Apoticai-
res. Cét animal tout groſſier qu'il
eſt , a vne merueilleuſe induſtrie,
non ſeulement à ſe loger dans
l'eau & dans terre , mais ſur tout à
baſtir des digues : car ils ont l'ad-
dreſſe d'arreſter de petites riuieres , & de faire des chauſſées que
l'eau ne peut rompre , & font par
ce moyen noyer vn grand Pays,
qui leur ſert d'Eſtag pour ſe joüer,
& pour y faire leur demeure. Les
Sauuages qui vont à la chaſſe , ont
toutes les peines du monde à rompre ces digues. Les Caſtors qui
font du coſté du Nort valent bien
mieux , & le poil en eſt plus excellent que de ceux du coſté du
Sud.

Pour les Loutres, ils ſe trouuent
d'ordinaire dans les lacs ; il y en
a quelques-vns qui ont la peau aſſez belle.

Le Rat musqué est vn animal qui vit dans l'eau, & qui est asseurément estimé pour ses testicules, qui sentent le musc pendant deux mois, qui est le temps qu'ils sont en chaleur, sçauoir Auril & May: leur peau ressemble à celle d'vn Lapin, tant pour la couleur que pour la grandeur ; la chair en est bonne.

Il y a aussi des Belettes, Mulots, Taupes, & Souris : Voila pour ce qui est des animaux du Pays. Voicy le nom de ceux que l'on amene de France, des Bœufs & des Vaches: les bœufs seruent à labourer la terre, & à traîner du bois l'Hyuer sur les neiges. Des Cochons en grand nombre: des Moutons il y en a peu : des Chiens, des Chats, & des Rats. Voila les animaux que l'on nous a amené de France, qui font bonne fin en ce Pays-icy.

Apres auoir parlé de tous les animaux qui sont dans le Pays, disons vn mot des Reptiles qui s'y trouuent.

Il s'y voit des Couleuures de plusieurs sortes : il y en a qui ont la peau émaillée de blanc & de noir, d'autres de jaune & de verd : elles ne sont pas mal-faisantes, du moins on ne s'en est pas encore apperceu : les plus longues sont enuiron d'vn aulne ; mais il y en a peu de si longues. Plus on va en haut, plus il y en a.

Dans le pays des Iroquois, il y en a d'vne autre sorte qu'on appelle des Couleuures à sonnettes : celles-là sont dangereuses ; elles mordent quelquesfois les Sauuages, qui en mourroient en peu de temps, n'estoit la connoissance d'vne herbe qu'ils ont, laquelle croist en ce Pays, qui estant ap-

pliquée ſur la bleſſure en forme
de cataplaſme, en tire tout le ve-
nin.

Il y a des Lezards & autres petits animaux ſemblables: des Cra-
paux; mais ie n'en ay iamais veu
de ſi gros en France.

Il y a des Grenoüilles de pluſieurs ſortes; j'en ay veu de trois,
ſçauoir les vnes auſſi groſſes que
le pied d'vn cheual, qui ſont ver-
tes, & ſe trouuent ſur le bord du
grand Fleuue; elles meuglent le
ſoir comme vn Bœuf, & pluſieurs
de nos nouueaux venus y ont eſté
trompez, croyans entendre des
Vaches ſauuages: ils ne le vou-
loient pas croire quand on leur
diſoit que c'eſtoit des grenoüilles, on les entend d'vne grande
lieuë. Les Sauuages, Hurons,
les mangent, & diſent qu'elles
ſont fort bonnes.

Il y en a d'autres semblables à celles de France, & c'est de celles-là qu'il y en a plus grand nombre.

I'en ay veu d'vne troisiéme sorte, qui sont toutes comme les grenoüilles communes, sinon qu'elles ont vne queuë : je n'ay iamais veu de celles-là qu'en vn seul endroit, le long d'vne petite riuiere ; mais j'en vis plus d'vn cent.

Noms des Oyseaux. qui se voyent en la Nouuelle-France.

CHAPITRE VI.

EN vous mettant le nom des oiseaux qui sont dans ce Païs, ie ne vous parleray point de ceux qui se rencontrent à l'entrée du Golfe, comme Cormorans, Tangueux, Fauquets, Poules d'eau, Griseaux, & vne infinité d'autres, qui sont plustost oyseaux de mer que de terre : mais ie vous nommeray seulement ceux qui sont proche de nous, & que l'on tuë tous les iours, comme Cygnes, Outardes, Brenesches, Oyes sauuages, Gruës, Canards, Cercelles, Plongeons de plus de dix sor-

tes , Huarts , Butors , Herons ,
Beccaſſes, Beccaſſines, Cheualiers,
Pluuiers , Piroüys , Alloüettes de
mer : car il n'y en a point des
champs. Tous les noms cy-deſſus
ſont oyſeaux de riuieres ; veu que
s'ils ne ſe trouuent dedans , ils ſe
trouuent le long des bords.

Tout ce Pays eſt remply de ce
Gibier dans la ſaiſon, qui eſt le
Printemps & l'Automne.

Comme Loutarde n'eſt pas vn
oyſeau commun en France, i'en
feray vne petite deſcription, à
cauſe que c'eſt le Gibier de riuiere le plus commun d'icy ; elle eſt
faite tout comme vne Oye griſe,
mais beaucoup plus groſſe , elle
n'a pas la chair ſi delicate que celle des Oyes que nous voyons icy
en Canada ; qui en paſſant ſont
toutes blanches , à la reſerue du
bout des aîles & de la queuë qui

est noire : car pour la chair des oyes de France, il s'en faut beaucoup qu'elles approchent du goust de celuy de nos outardes.

Le nom des autres oyseaux sont, l'Aigle, le Cocq-d'Inde, des Oyseaux de proye de plus de quinze sortes, dont ie ne sçay pas les noms, sinon de l'Eperuier & de l'Emerillon.

La femelle de l'Aigle a la teste & la queuë blanche, on l'appelle Nonnette.

Pour le Cocq-d'Inde sauuage, il ne s'en trouue point ny à Quebec, ny aux trois-Riuieres, ny à Monreal, mais dans le pays des Iroquois, & dans le Pays où demeuroient autresfois les Hurons, il y en a des quantitez, & dont la chair est bien plus delicate, que des Cocqs-d'Indes domestiques.

Il y a de trois sortes de Perdrix;

les vnes font blanches, & elles ne
fe trouuent que l'Hyuer, elles ont
de la plume jufques fur les argots,
elles font fort belles & plus groffes
que celles de France, la chair en
eft delicate. Il y a d'autres Perdrix
qui font toutes noires, qui ont des
yeux rouges : elles font plus petites que celles de France, la chair
n'en eft pas fi bonne à manger ;
mais c'eft vn bel oyfeau, & elles
ne font pas bien communes.

Il y a auffi des Perdrix grifes,
qui font groffes comme des poules : celles-là font fort communes
& bien-aisées à tuer ; car elles ne
s'enfuyent quafi pas du monde : la
chair eft extremément blanche &
feiche.

Il y a d'vne autre forte d'oyfeaux, qui fe nomment Tourtes
ou Tourterelles, (comme vous
voudrez :) elles font prefque

grosses comme des pigeons, &
d'vn plumage cendré : les masles
ont la gorge rouge, & sont d'vn
excellent goust. Il y en a des quantitez prodigieuses ; l'on en tuë des
quarante & quarante-cinq d'vn
coup de fusil : ce n'est pas que cela
se fasse d'ordinaire ; mais pour en
tuer huit, dix ou douze, cela est
commun ; elles viennent d'ordinaire au mois de May, & s'en re-
tournent au mois de Septembre ;
il s'en trouue vniuersellement par
tout ce Pays-cy. Les Iroquois les
prennent à la passée auec des rets ;
ils en prennent quelquesfois des
trois & quatre cens d'vn coup.

Il y a aussi grand nombre d'E-
tourneaux qui s'abandent en Septembre & Octobre : quantité de
Griues, Merles, Hortolans, & vn
nombre infiny d'autres petits oyseaux dont ie ne sçay pas les noms.

Il

Il y a des Hirondelles, Marti-
nets, Geays, Pies, mais elles ne
ſont pas comme celles de France :
car elles ſont cendrées & mal-bâ-
ties.

Il ſe void des Hibous & Chats-
huans : des Corbeaux & Corneil-
les, des Piuerts, & autres ſortes
que l'on appelle Picquebois : de
petits oyſeaux qui ſont tout rouges comme du feu : d'autres ſont
rouges & noirs : d'autres ſont tout
jaunes, & d'autres tout bleus.

Les Oyſeaux mouches, qui ſont
les plus petits de tous, ſont quaſi
tout verds, à la reſerue des maſles
qui ont la gorge rouge.

Les oyſeaux qu'on a apporté de
France, ſont Poules, Poules-d'Indes, & des Pigeons.

✶✶✶✶✶✶✶✶✶✶✶✶✶✶✶✶✶✶✶✶✶✶✶✶

Noms des Poiſſons qui ſe trouuent dans le grand Fleuue S. Laurens, & dans les lacs & riuieres qui deſcendent, dont nous auons connoiſſance.

CHAPITRE VII.

A L'entrée du Fleuue, il s'y a void des Baleneaux, & l'on dit meſme qu'il y a de groſſes Baleines.

Il y a quantité de Moluës, & l'on en peſche juſques à dix lieuës de Tadouſſac.

Depuis là juſques au Mont-Royal, ſe trouue grande quantité de Marſoins blancs, propres à faire de l'huile, ſi on les pouuoit

attraper. On en void des quantitez admirables, depuis Tadouſſac
juſques à Quebec, qui bondiſſent
ſur la riuiere. Ils ſont extremément grands & gros ; & l'on peut
eſperer du moins vne barique
d'huile de chacun, ainſi qu'on
a experimenté de quelques - virs
qu'on a trouué échoüez.

Il y a auſſi quantité de Loups-
marins vers Tadouſſac, & deſ-
cendant plus bas ; l'huile en eſt excellente, non ſeulement à brûler ;
mais à beaucoup d'autres choſes :
ils ſont fort aiſez à attraper, la
peau ſert à beaucoup d'vſages.

Il y a quantité de Saulmons &
Truites, depuis l'entrée du Golfe
juſques à Quebec : il ne s'en trouue point aux trois-Riuieres, ny
au Mont-Royal : mais quantité
dans le pays des Iroquois.

Il y a abondance de Maquereaux ; mais ils ne se trouuent qu'à l'Isle Percée.

Le Haran donne en plusieurs endroits : à l'Isle Percée, Tadousssac, & autres riuieres, il va par bandes comme en Europe.

L'Esturgeon se prend depuis Quebec en montant en haut, & dans tous ces grands lacs, où il y en a grandes quantitez : il s'en void bien peu de petits, mais tous grāds Esturgeons de quatre, de six, & de huit pieds de long : j'ay veu qu'il s'en peschoit en abondance deuant l'habitation du Mont-Royal, pendant qu'ils auoient des hommes affectionnez à la pesche : il est parfaitement bon salé, & se garde bien long-temps : j'en ay mangé qu'il y auoit deux ans qui estoit salé, qui estoit aussi bon que quatre iours apres la prise.

L'Aloze est plus abondante à

Quebec qu'en aucun lieu ; il y en a des quantitez prodigieuſes au Printemps, qui eſt la ſaiſon qu'on la peſche.

Le Bar eſt vn poiſſon d'eau douce : on en peſche quantité à Quebec & aux trois-Riuieres : je n'ay point ouy dire qu'on en priſt à Tadouſſac, ny au Mont-Royal : c'eſt vn poiſſon dont la chair eſt excellente, & où il y a peu d'arê-tes.

La Barbuë commune en tout ce Pays, & qui abonde par tout, eſt vn poiſſon ſans écaille, qui a la teſte plus groſſe que le reſte du corps, n'a que la groſſe arreſte : la chair en eſt blanche & delicate, pour eſtre vn des plus gras de ce Pays-icy : elle a d'ordinaire vn pied & demy ou deux pieds de long : elle ſe prend à l'ameçon : elle eſt fort bonne ſalée.

D iij

Il y a auſſi abondance d'Eplan
durant l'Autonne, tant à Quebec
qu'à Tadouſſac.

Il ſe trouue des Loches à Tadouſſac, & quantité d'autre ſorte
de Poiſſons que j'obmets pour
n'en ſçauoir les noms.

L'Anguille ſe peſche à Quebec,
en plus grande abondance qu'en
aucun lieu, dans le mois de Septembre & au commencement
d'Octobre : elle eſt plus groſſe &
de beaucoup meilleur gouſt que
celle qui ſe voit en France. I'en ay
veu d'auſſi groſſe que la jambe
d'vn homme : elle eſt delicate : elle ſe garde fort bien ſalée : elle ſe
prend auec des naſſes : on en prend
ſi grande quantité, que cela n'eſt
pas conceuable à moins que de l'a-
uoir veu.

Les Poiſſons qui ſe trouuent
dans les petits lacs & les petites ri-

uieres, font Brochets, Carpes de
plufieurs fortes; Perches, Braimes,
petites Truites, Poiſſons dorez,
Ouchigans, vne autre forte de
Poiſſon plat qui n'a point de nom
François, non plus que le prece-
dent, qui eſt petit, mais excellent,
& vn autre nommé le Poiſſon
blanc ; Voila les plus communs
qui fe rencontrent par tout.

Les Brochets y font ordinairement bien grands. Les Carpes de
quelque nature qu'elles foient, ne
font pas bien excellentes, à moins
que d'eſtre frites à l'huile : elles
ont la chair molaſſe.

De tous ces poiſſons, il y a abondance dans tous les petits lacs &
petites riuieres.

Dans ces grands lacs, il y a quantité de beaux & grands poiſſons,
& de diuerfes efpeces, qui n'ont
point encore de nom parmy nous

autres François , qui cependant font des mangers delicieux. Ie n'en feray point la defcription, ils font encore trop éloignez de nous.

Il feroit bien difficile de dire les noms de tous les Poiffons qui fe prennent dans vn grand Pays comme ceftuy-cy. De temps en temps il s'en prend quelques-vns dont on n'en a point encore veu de femblables. On trouue auffi des Efcreuiffes dans les petites riuieres.

I'oublioisà vous faire la defcription d'vn poiffon, qu'on appelle Poiffon armé : il a enuiron deux pieds & demy de long, & mefme trois pieds ; il eft tout rond, & a fix ou huit poulces de tour ; il eft quafi également gros par tout : il a vne écaille extremément dure, & qu'on ne fçauroit auoir percé

d'vn coup d'épée; son bec à enuiron huit poulces de long , & est
dur comme de l'os; armé de trois
rangées de dents de chaque costé,
qui sont pointuës comme des ales-
nes : la chair ne vaut pas grand
chose à manger. Il est fort facile à
prendre, mais il est rare.

Noms des Bleds & autres grains aportez d'Europe, qui croissent en ce Pays.

Chapitre VIII.

Dans mon voyage de France,
ie rencontray quantité de
personnes qui me demandoient si
le bled venoit en la Nouuelle-
France, & si l'on y mangeoit du
pain. C'est ce qui m'a obligé à faire ce Chapitre , pour desabuser

D v

ceux qui croyent que l'on ne vit
dans ce Pays-icy que de racines,
comme on fait aux Isles Saint
Christophle. Ils sçauront donc
que le bled froment y vient tres-
bien; & on y fait du pain aussi beau
& aussi blanc qu'en France. Les
seigles y viennent plus que l'on ne
veut : toute sorte d'orges & de
pois y croissent fort beaux , & l'on
ne void point de ces pois verreux
plains de cosson, comme on en
void en France ; les lentilles , la
voisse, l'auoine , & mil, y viennent parfaitement bien; les grosses febves y viennent bien aussi ;
mais il y a de certaines années
qu'il y a de grosses mouches qui
les mangent , quand elles sont en
fleur. Le bled Sarazin y vient aussi ; mais il arriue quelquesfois que
la gelée le surprend auant qu'il soit
meur. Le chanvre & le lin y vien-

nent plus beaux & plus hauts qu'en
France.

Les grains que cultiuent les Sauuages, & qu'ils auoient auant que
nous vinſlions dans le Pays , ce
font gros Mil ou Bled d'Inde, Fai-
zoles ou Arricots, Citroüilles d'v-
ne autre eſpece que celles de France ; elles font plus petites, & ne
font pas ſi creuſes ; ont la chair
plus ferme & moins aqueuſe, &
d'vn meilleur gouſt. Du Tourne-
ſol , de la graine duquel ils font
de l'huile qui eſt fort delicate, &
de tres-bon gouſt. De l'herbe à la
Reyne , ou Petun , dont ils font
leur Tabac ; car les Sauuages font
grands fumeurs, & ne ſe peuuent
paſſer de petun. Voila en quoy
conſiſte la culture des Sauuages.

Toutes fortes de Naueaux &
Rabioles, Bettes-raues, Carottes,
Panais, Cercifis, & autres racines,

viennent parfaitement , & bien
grosses. Toute sorte de Choux y
viennent aussi en leur perfection,
à la reserue des Choux à fleur que
ie n'y ay point encor veu.

Pour des herbes, Lozeille, Car-
des de toutes façons , Asperges ,
Espinars , Laittuës de toute sorte,
Cerfüeil , Percil, Cicorée, Pimpre-
nelle , Oignons , Porreaux , l'Ail ,
les Ciues, Hysopes, Bouroche, Bu-
glose, & generalement toutes sortes d'herbes qui croissent dans les
jardins de France ; les Melons , les
Cocombres , les Melons d'eau &
Callebaces y viennent tres-bien.

Pour des fleurs , on n'en a pas
encore beaucoup apporté de France , sinon des Roses , des Oeillets ,
Tulipes , Lys blancs, Passes-roses,
Anemones & Pas-d'aloüette qui
sont tout comme en France.

Pour les herbes sauuages , ie

n'entreprendray pas de vous en
décrire icy les noms, finon de quelques-vnes les plus communes qui
fe rencontrent icy dans les bois. Le
Cerfüeil a la feüille plus large que
celuy deFrance, a la tige beaucoup
plus groffe, & eft d'auffi bon gouft.
L'Ail eft plus petit que celuy de
France : il y croift force petits Oignons façon de Ciues le long du
grand Fleuue. Il y a de la Paffe-
pierre & du Percil fauuage, qui
reffemble tout à fait au percil de
Macedoine : il y a de l'Angelique
dans les prairies , & le Pourpier
vient naturellement dans les terres defertées fans y eftre femé :
mais il n'eft pas fi beau que celuy
que nous cultiuons : il fe trouue
dãs les prairies d'vne herbe qu'on
appelle Voifferon, qui fait d'excellent foin , auffi bien qu'vne autre
qu'on appelle Pois fauuages : il n'y

en a plus vers les Trois-Riuieres
& Mont-Royal, où il n'y a point
de reflux, que vers Quebec. Le
Houbelon y vient aussi naturellement, & on en fait de tres-bonne
biere. La Cicuë y croist à merueille, aussi-bien que l'Elebore : le
Capilaire y croist en abondance :
il se trouue de plusieurs sortes de
Fougere, des Ortyes dont on fait
du fil & de tres-bons cordages,
du Melilot, des Roseaux & Ioncs
le long des riuieres.

Il y a aussi quantité de sortes de
fleurs, dont les plus considerables
sont celles-cy, des Martagons qui
sont jaunes ; des Roses sauuages
qui ne sont point doubles; vne autre fleur rouge qu'on nomme Car-
dinalle, vne espece de Lys, du Mu-
guet, des Violettes simples & qui
ne sentent rien. Ie ne sçay point le
nom des autres; mais ceux qui ont

esté aux Iroquois m'ont dit, que
c'est chose admirable de voir la
quantité & la diuersité des belles
fleurs qui s'y trouuent

Des Sauuages de la Nou-uelle-France, & de leur façon de viure.

CHAPITRE IX.

TOvs les Sauuages de la Nouuelle France, sont quasi tous
les vns comme les autres, particulierement pour les habillemens
& leurs coustumes : mais comme
ils sont differens en leurs façons
de vie & en leurs langages, nous
les distinguerons en deux, à
quoy se rapportent toutes les Nations de ces pays icy: sçauoir l'Al-

gonquine & la Huronne ; toutes les nations qui habitent le costé du Nort, tant bas que haut, sont tous Algonquins, & ne different pas beaucoup de langage, sinon comme le Poiteuin differe du Prouençal ou du Gascon. Du costé du Sud il y a encore les Abnaquiois, les Acadiens, les Socoquiois, & toute la nation du Loup, qui tiennent plus de l'Algonquin que du Huron.

En haut les Outaoüac, les Nez percez, & toutes ces autres grandes nations parlent presque tous Algonquin.

D'autre costé la nation du Petun, la nation neutre, tous les Iroquois, les Andastoé, parlent la langue Huronne, quoy que les Dialectes soient beaucoup differens, comme l'Espagnol, l'Italien, le François different du Latin. Mais entre la langue Huronne & l'Algonquine, il y a autant de differénce que du Grec au Latin.

Les Algonquins sont errans, & ne viuent que de chasse & de pesche, ne sçauent ce que c'est de cultiuer des terres ; & vniuerselle-ment toutes les nations qui ont rapport à la langue Algonquine. Au contraires les Hurons, Iroquois, & toutes les nations qui ont rapport à la langue Huronne, sont sedentaires , ont des bourgades, font des champs, cultiuent la terre , trafiquent chez les autres nations, sont plus policez, ont comme des Officiers parmy eux pour toutes sortes de choses.

Faisons la description de la vie des Algonquins, apres quoy nous parlerons de celle des Hurons.

L'Algonquin, comme i'ay dit, est errant, & vit de chasse & de

pefche ; & pour cét effet ils ont de
petits vaiffeaux, que l'on appelle
icy canots, faits d'efcorce de bou-
leau, & renforcez par dedãs de de-
my-cercles de bois de Cedre : cela
eft fait fi proprement qu'vn homme feul porte aifément vn de ces
petits vaiffeaux, quand il eft que-
ftion de trauerfer les bois pour aller d'vne riuiere à vne autre ; &
cependant il s'y embarque, luy fa
femme & fes enfans, fes armes, fa
maifon , & le refte de fon baga-
ge. Il y a des canots de deux, de
trois, de quatre, & de cinq braf-
fes.

Leurs maifons confiftent d'ordinaire en trois efcorces de bou-
leau, qui ont enuiron chacune vne
aulne de large , & trois à quatre
aulnes de long, qui fe plient comme fait vn tableau quand il fort
de chez vn Peintre : ils eftendent

ces écorces le soir quand ils sont
arriuez, sur trois ou quatre perches en rond, qui vont en pointe
vers le haut, en sorte que la cabane est ronde, large par en bas, &
retressissant par le haut. C'est d'ordinaire la femme qui fait la cabane, qui descharge le canot, allume
le feu, & dispose le souper, pendant que l'homme allant faire vn
tour dans le bois, va voir s'il ne
trouuera rien à tuer. La femme
doit aussi disposer le lit, allant
couper là proche vn paquet de
branches de sapin, qu'elles esten-
dent sur la terre pour se coucher;
c'est elle qui doit couper & apporter tout le bois necessaire pour la
maison. Quand les hommes ont
tué quelque animal, c'est aux femmes à aller querir la viande : car
elles leur seruent comme de porte-faix, elles écorchent les ani-

maux, elles en eſtendent & font
fecher les peaux, elles les paſſent apres pour s'en couurir ; car
nos Sauuages ne vont pas nuds,
comme font ceux qui ſont du coſté des Iſles ſaint Chriſtophle, ſeulement ils ne ſe couurent point
les bras, ſinon quand il fait grand
froid.

Les Sauuages generalement
parlant, tant hommes que femmes, ſont fort bien-faits ; & on en
voit fort peu parmy eux qui
ayent des defauts de nature, comme d'eſtre louches, boſſus, bai-
teux, à moins qu'il ne leur ſoit
arriué par accident.

Ils ſont bazanez, les enfans
qui naiſſent ſont blancs comme
des François, & cette couleur ba-
zanée ne leur vient qu'auec l'aage. Les hommes n'ont point de
barbe, ils ont tous les cheueux

noirs & gros, tant hommes que femmes, se les graissent fort souuent. Les Algonquins les portent d'ordinaire fort longs.

Ils sont naturellement timides, cruels, dissimulez, complaisans, ingrats, sur tout les Algonquins, hardis demandeurs : mais le plus grand mal que i'y vois, c'est qu'ils sont extremement vindicatifs, & garderonr vingt ans le dessein de se vanger, sans le faire paroistre; cependant cherchent tousiours l'occasion d'auoir quelque pretexte qui les mette à couuert. Ce n'est point leur coustume de faire paroistre leurs rancunes ouuertement, comme de se battre à la rencontre, ou seul à seul, comme on fait en Europe. Vn homme seroit odieux parmy eux qui l'auroit fait ; & comme ils sont heureux d'auoir occasion de faire pie-

ce à leurs ennemis & eſtre à couuert, C'eſt vne des cauſes qui les
rend ſi paſſionnez pour s'enyurer , eſtimans que quand ils
ont frappé ou tué quelqu'vn dans
leur yureſſe, cela ne leur eſt point
à deshonneur, diſans que c'eſt la
boiſſon qui l'a fait,& non pas eux;
cependant ils volent de joye dans
leurs cœurs de s'eſtre vangez : delà vient que les Sauuages ne boiuent quaſi iamais que pour s'enyurer, & en ſuite faire piece à quelqu'vn qui leur aura rendu quelque déplaiſir , ou pour aſſouuir
quelque-autre paſſion brutale ,
comme de violer vne fille ou femme. C'eſt ce qu'à fort bien recon-
nu Monſieur noſtre Eueſque,& ce
qui l'a rendu ſi zelé à s'oppoſer à
ceux qui donnoient de la boiſſon
aux Sauuages, dõt ils s'enyuroient
inceſſamment , & d'où naiſſoient

des defordres funeftes, que la pie-
té des gens de bien ne pouuoit fup-
porter : Car il eft tres-certain, que
les Sauuages ne boiuent point par
delicateffe, ny par neceffité ; mais
toufiours pour quelque mauuais
deffein : & cela eft tellement vray-
qu'on n'auoit iamais veu, ny entendu parler parmy les Sauuages,
des maux qui fe font faits depuis
qu'on leur a donné de ces boiffons
enyurantes : car les Sauuages de
leur naturel ne font point capa-
bles de grandes malices, comme
font les Europeens ; ils ne fçauent
ce que c'eft que de jurer. Quoy
qu'il y en ait parmy eux quelques-
vns qui foient larrons, ils ne dé-
robent iamais auec effronterie, ny
mefme auec adreffe, du moins les
Algonquins, quoy qu'ils ne manquent pas d'efprit.

Ordinairement tous les Sauuages ont l'esprit bon, & il est bien rare de voir parmy eux de ces esprits buses & grossiers, comme nous en voyons en France parmy nos paysans: Ils craignent plus vne simple reprimande de leurs parens ou de leurs Capitaines, que l'on ne fait en Europe les roües & les gibets: car vous ne voyez point de desordre parmy eux, quoy que les peres & les meres n'ayent point de chastiment pour leurs enfans, nonplus que leurs chefs pour leurs inferieurs, que des paroles de reprimande; & i'en ay veu ·qui se font empoisonnez; d'autres se sont pendus, ou pour auoir receu, ou de peur de receuoir vne correction de leurs parens, ou de leurs Capitaines, & cela pour quelques petites fautes qu'ils auoient fait. C'est d'où vient que quand il s'est fait vn

meurtre,

meurtre, on ne s'en prend point à
celuy qui la fait, mais aux Capitaines, qui sont obligez de satisfaire aux parens du defunt ; &
comme la satisfaction est confiderable, & que cela donne de la peine au Capitaine, cel donne vne
telle confusion à celuy qui a fait
le mal, que quoy qu'on ne luy di-
se rien, il se bannit ordinairement
le reste de ses iours, & cela retient
tous les autres en bride.

Ils respectent beaucoup leurs
Capitaines, & leur obeyssent
promptement, sur tout quand ils
ne sont point vicieux : car quand
ils le sont, ils les méprisent fort,
disans, qu'vn homme qui ne peut
pas se commander soy-mesme, est
incapable de commander autruy.

Ils ne sont point d'ordinaire
auaricieux ; cela vient de ce qu'ils
ne se soucient pas de rien amasser

(particulierement   les Algonquins) qui viuent au iour la iour-
née : ils n'ont point de soin.

La liberalité parmy eux est
estimée ; c'est d'où vient que les
Capitaines sont ordinairement
plus pauures que les autres : car
quand ils commencent à paroistre,
ils donnent tout, pour attirer l'affection de leurs gens, qui par apres
leur font plusieurs presens , & les
nourrissent quand ils commencent
à vieillir.

Ils ne sont point plus braues
les vns que les autres , les meil-
leurs chasseurs sont les mieux ac-
commodez.

Ils ne sçauent ce que c'est de se
faire seruir , chacun se sert soy-
mesme.

Le mestier des hommes Algonquins, c'est d'aller à la chasse , à la
pesche & à la guerre, en traitte

aux Nations eſloignées, & d'eſcor-
ter les femmes quand elles vont
en des lieux dangereux, faire les
canots, & voila tout ; pour le reſte
ce ſont les femmes qui le doiuent
faire.

Quand ils vont en voyage, &
que leurs femmes vont auec eux,
la femme nâge dans le canot auſſi
bien que l'homme. En voila aſſez
dit des Algonquins.

Venons maintenant à vne vie
& des couſtumes bien differentes
qu'ont les Nations de la langue
Huronne, tels que ſont tous les
cantons des Iroquois. Ils ſont ſe-
dentaires, comme i'ay déja dit, &
baſtiſſent des bourgades. Ce ſont
les hommes qui font les paliſſades
& les cabanes, qu'ils font en forme de berceau, fort haut & large;
couuert depuis le haut iuſques au
le Maiſtre du feſtin chante tou-

bas de grosse écorce de Fresne ou
d'Orme : les meilleures de ces cabanes sont couuertes d'écorces de
Cedre, mais elles sont plus rares.

Ils abbatent du bois, & deser-
tent pour faire des champs. Quand
le bois en est bruslé, c'est aux femmes à les ensemencer ; car ce sont
les femmes qui font toutes les se-
mences, cerclent le bled & en font
la recolte : ce sont elles qui le mou-
lent, autrement le pilent : car les
Sauuages n'ont iamais eu l'vsage
des Moulins ; l'ayant reduit en farine, elles en font du pain, ou vne
espece de boüillie auec de l'eau &
quelque assaisonnement, lors qu'ils
en ont, ce qu'ils appellent Sa-
gamité : car les femmes sont les
Cuisinieres & les Boulangeres.

Les hommes trauaillent encore
à faire des canots, des armures &
des rets ; mais ce sont les femmes

qui filent le fil : les hommes tiennent les Conseils, deliberent des
affaires, c'est à dire ceux qui sont
de naissance pour cela ; car les Capitaines viennent de pere en fils,
& entrent au Conseil lors qu'ils
sont en vn aage meur, & qu'ils
ont montré auoir l'esprit bien
fait.

Ce sont les hommes qui vont
à la chasse, à la pesche, & à la guerre : les Iroquois ne vont point en
traitte chez les autres nations Sauuages, car ils sont haïs de tous : les
Hurons y alloient fort, & trafi-
quoient quasi par tout le pays.

Les hommes s'occupent enco-
re à faire des plats & des cuilleres
de bois. C'est aussi eux qui font
les champs de tabac, & les calu-
mets ou pipes qui leur seruent à
fumer : les femmes font les pots
de terre, comme aussi quantité de

petits ouurages, propres à leurs
vlfages, que ie ne d'écriray point
pour n'eftre connus en France.
Elles feruent de porte-faix, & il
faut que ce foit elles qui portent
tout ce qu'il y a à porter.

I'ay appris depuis peu que les
Iroquois & Iroquoifes fe font feruir par leurs Efclaues, qu'ils ont
en grand nombre, tant d'hommes
que de femmes.

****

Continuation fur le mefme fujet, concernant le Mariage des Sauuages.

CHAPITRE X.

Difons vn petit mot de leurs
Mariages. Lors qu'vn garçon
à deffein d'époufer vne fille, il l'a
va voir, il la careffe, mais iamais

auec indecence, ce seroit vn crime
parmy eux : il luy parle en particulier, & quand il l'a enfin gagnée,
il luy fait des presens de ce qu'ils
ont de plus rare ; & quand tout
est d'accord, il va demeurer dans la
cabane de la fille, car la femme ne
va point demeurer chez le mary,
mais le mary chez la femme.

Parmy les Hurons vn mariage
n'est pas tenu pour veritable mariage, mais plustost pour débau-
che, si les pere & mere du ieune
homme n'ont esté demander aux
parens de la fille celle qu'ils desi-
rent auoir pour femme à leurs
enfans;ce qui se fait donnant quelque riche present aux parens de
la fille.

Ils demeurent quelquesfois
long-temps ensemble deuant que
de consommer le mariage : & l'on
dit vne chose admirable des Al-

gonquins, qui est, que souuent
ils demeurent vn an & dauantage
ensemble, auant que le consommer : il ne se passe rien parmy eux
qui ne soit dans l'honnesteté , &
rien de dissolu dans ces rencontres, quoy qu'ils soient naturellement grands railleurs , & qu'ils
ayent plusieurs mots à double en-
tente, mais ils ne s'en seruent pas
dans ces rencontres.

Quoy que la polygamie ne
soit pas deffenduë parmy eux, rarement voyez-vous vn homme
auoir deux femmes, sur tout parmy les Hurons & les Iroquois: car
cela se rencontre quelquesfois
chez les Algonquins.

Le diuorce n'est point vne chose odieuse chez les Sauuages, vn
homme pouuant repudier facilement sa femme, & la femme son
mary (i'entens parler de ceux qui

ne sont point Chrestiens) cela se fait sans bruit : car quand la femme repudie son mary, elle n'a qu'à luy dire qu'il sorte de sa maison, & il s'en va sans rien dire autre chose, & y laisse tout ce qu'il y a apporté, à la reserue de ses habits. Tout de mesme, si le mary veut repudier sa femme, il se retire, apres luy auoir declaré qu'il la quitte : s'ils ont des enfans ils demeurent tous à la femme. Ces diuorces arriuent rarement, parce que chacun est sur ses gardes, s'empeschant de donner du mécontentement à sa partie, crainte de l'obliger à la separation.

Ils ne font pas beaucoup sujets à la ialousie, sur tout les Iroquois.

Ils ont des jeux parmy eux de diuerses sortes, les plus communs sont les jeux de paille, & le jeu du

E v

plat, & vn troiſiéme qu'ils nomment paqueſſen.

Ce jeu de paille ſe fait en effet auec de petites pailles qui ſont
faites exprés, & qui ſe partagent
en trois, comme au hazard, fort
inégalement.   Nos François ne
l'ont pû encore bien apprendre, il
eſt plein d'eſprit; & ces pailles ſont
parmy eux, ce que les cartes ſont
parmy nous.

Le ieu du plat ſont neuf petits os plats & ronds comme des
noyaux de peſche, que l'on auroit
liſſez & applatis, qui ſont noirs
d'vn coſté, & blancs de l'autre, que
l'on remuë & que l'on fait ſauter
dans vn grand plat de bois, qu'enfin on arreſte en frappant la terre,
le tenant auec les deux mains : la
perte ou le gain dépend d'vn certain nombre qui ſe trouue tout
d'vne couleur.

Le jeu paquessen est presque
la mesme chose, sinon qu'on iette
ces petits os en l'air auec la main,
retombans sur vne robe estenduë
en terre, qui sert comme de tapis;
le nombre tout d'vne couleur fait
la perte ou le gain.

Ils se festinent aussi les vns les
autres, la façon est telle. Celuy qui
veut faire festin fait mettre vne
grande chaudiere sur le feu, ou
deux, ou trois, selon le monde
qu'il veut traicter : dans lesquelles
chaudieres on met de la viande
ou du poisson, & en suite de la farine de bled d'Inde : quand cela est
cuit, celuy qui fait le festin enuoye conuier ceux qu'il desire qui
y soient : ils y viennent auec vn
plat & vne cuillere. Ils entrent
dans la cabane sans dire mot, &
s'arrangent sur leurs derrieres
comme des guenons : cependant

le Maiſtre du feſtin chante toûjours iuſques à ce que tous les
conuiez ſoient entrez, car il ne
leur fait aucune ceremonie : alors
il prend la parole, & dit, Ie fais
feſtin : que s'il deſire gratifier &
faire honneur ou à ſon fils ou à
quelqu'autre, il le declarera, di-
ſant, c'eſt vn tel qui fait feſtin :
alors tous les aſſiſtans répondent
vn certain hô, qui eſt comme vn
eſpece de remerciment : il conti-
nuë & dit, il y a tant de chaudieres, ſelon le nombre qu'il y aura :
on luy répond encore hô : c'eſt d'v-
ne telle viande, & tuée par vn tel : à
chaque article on fait touſiours la
meſme réponſe hô : & ainſi conſe-
cutiuement il declare tout ce qu'il
y a dans le feſtin, & on répond
touſiours la meſme choſe, hô,
hô.

En ſuite il dit, Ie ſouhaitte

qu'vn tel nombre de vous autres
chante, vn tel, vn tel, & vn tel : &
fouuent il commence le premier à
chanter, & les vns apres les autres
chantent iufques au nombre qu'il
a fouhaité.

La perfonne qui chante fe leue,
faifant diuerfes poftures & geftes
en chantant. Cette façon de chanter n'eft point harmonieufe, auec
douceur, mais elle eft comme de
gens qui s'excitent à la colere, &
mefme ils font quelquesfois des
fignes de fraper : ils raconteront
dans ces chanfons martiales leurs
proüeffes, & les hommes qu'ils
ont tué en guerre, ou les deffeins
qu'ils ont d'aller en guerre pour
vanger la mort de quelqu'vn de
leurs parens, ou de quelque homme confiderable. Ce qui les y en-
gage par honneur; & fouuent ceux
qui fuiuent à chanter, s'engagent

en chantant de les suiure à la guerre, & mourir auec eux.

Apres que tous ont chanté on
dreſſe la chaudiere, c'eſt à dire
qu'on prend les plats d'vn chacun,
& on met de la ſagamité dedans;
s'il y a de la viande on en diſtri-
buë à chacun de ceux qu'on deſire
honorer & gratifier vn morceau:
les morceaux les plus delicats ſont
pour les Capitaines; celuy qui fait
feſtin ne mange point, mais il
chante pendant que les autres
mangent. Si ce ſont des Algonquins, ils peuuent emporter leurs
plats de ſagamité chez eux; mais
chez les Iroquois & Hurons, cela
n'eſt pas permis, il faut tout manger ce qui vous eſt ſeruy; c'eſt d'où
vient qu'ils portent des plats fort
petits: car on n'oſe pas ſortir de
la cabane auant que d'auoir vui-
dé ſon plat, à moins que de faire

quelque petit present au Maiftre
du feſtin, vn couſteau, vne aleſ-
ne, vn pain de petun. Les femmes y ſont moins appellées que les
hommes, ſur tout chez les Iroquois & Hurons.

Il ſe fait quelquesfois parmy
eux des feſtins bien conſiderables:
il s'en fit vn du temps que i'eſtois
aux Hurons, de la chair de cinquante cerfs, dans cinquante chaudieres.

Ils ont auſſi des danſes parmy
eux, qui ne reſſemblent en rien
aux noſtres, car elles ne conſiſtent
qu'à vne certaine façon de ſe ſe-
coüer le corps, frapans des pieds
contre terre, & faiſans beaucoup
d'autres poſtures auec reigle, & à
la cadence d'vn petit tambour, ou
autre inſtrument, qui fait vn petit bruit ſourd : ils vont ſi bien à
la cadence, qu'on ne voit point

de confusion ny de desordre, quoy
qu'ils soient quelquesfois plus de
deux cens à danser ensemble ; ils
frappent tous du pied en mesme
temps, & si à propos, que l'on diroit qu'il n'y a qu'vne personne
qui danse.

Ces danses se font ordinairement pour quelques réjoüissances
publiques, comme seroit quelques
victoires remportées sur l'ennemy, ou vn traité de paix nouuel-
lement conclu ; il s'en fait bien
aussi quelquesfois chez des particuliers entre amis ; mais cela n'est
pas bien ordinaire.

Les peuples sedentaires ont
des Officiers pour toute sorte de
choses, qu'ils appellent Capitaines
ou gens considerables ; les principaux sont pour la police, les autres pour la guerre ; il y en a d'autres qui ne sont que pour auertir,

& qui seruent comme de tambours
& de trompettes : les vns vont
crier par les ruës du bourg le soir,
ou le matin, le nom de ceux qui
sont morts, ou le iour ou la nuit;
d'autres ont soin de faire les pre-
paratifs pour brusler les prisonniers : d'autres ont ordre d'auertir de se trouuer au Conseil quand
il se doit tenir : quelques autres
ont charge d'auertir par le bourg
quand on doit faire quelques réjoüissances ou danses publiques,
ainsi de tout le reste , & tout cela
sans confusion ny desordre.

Ils n'ont point de Religion,
mais ils sont fort superstitieux , &
ajoustent foy à leurs songes : c'est
ce qui donne plus de peine aux Peres Iesuites qui les instruisent.

Ils croyent l'immortalité de
l'Ame, & disent qu'elle va apres
la mort dans vn beau pays; que

deuant que d'y arriuer, il faut
paſſer vne riuiere où il y a vn certain qui perce la teſte à tous les
paſſans, & leur arrache la ceruelle,
ce qui fait qu'ils ne ſe ſouuiennent
plus de rien.

Ils ont quantité de fables qu'ils
racontent, & en toutes on y re-
marque touſiours quelque choſe
qui a du rapport à quelques-vnes
des hiſtoires de l'ancien Teſta-
ment.

Ils ont connoiſſance des Eſprits,
ont vne grande auerſion des Sor-
ciers; & quand quelqu'vn en eſt
accuſé, & qu'on croit qu'il le ſoit,
il eſt auſſi-toſt tué ou bruſlé comme vn ennemy.

Ils ſont fort aumoſniers, & lo-
gent facilement les Eſtrangers &
Voyageurs, ſans eſperance d'aucun ſalaire, & il y en a pluſieurs
qui quittent leurs lits, ou pour

mieux dire, la place où ils cou-
chent, leur donnant à manger ce
qu'ils ont de meilleur, & cela affez fouuent à vn homme qu'ils
n'ont iamais veu, & qu'ils ne ver-
ront peut-eftre iamais, & qui s'en
ira fans leur dire grand-mercy,
cela eft particulierement dans les
Nations fedentaires.

Quand il y à quelque famille
qui eft tombée en neceffité de viures, il y a des Capitaines qui vont
par le Bourg ramaffer du bled
pour la fubfiftance de ces pauures
gens, chacun donne, qui plus, qui
moins, felon fon pouuoir.

Ils ne font pas vilains les vns
enuers les autres; quand ils ont
tué ou pefché, ils en font des lar-
geffes, foit en faifant feftin, ou en
enuoyant chez les particuliers.

Ils font pitoyables, & fe portent compaffion les vns aux autres.

Ils ayment fort leurs parens, &
les pleurent long-temps apres
qu'ils sont morts : quand ils les en-
terrent, ils mettent auec eux ce
qu'ils aymoient le plus pendant
leur vie, & ce qu'ils estiment de
plus precieux parmy leurs meu-
bles.

Ils ont presque tous le sens commun assez bon, & raisonnent fort
bien ; cela se void dans leurs conseils, & dans leurs harangues qu'ils
font souuent en toutes fortes d'oc-
casions.

Tous les Sauuages qui font
proche des Europeans deuiennent
yurongnes, & cela fait bien tort
aux nostres : car de quantité qui
estoient fort bons Chrestiens, plusieurs se sont relaschez. Les Peres
Iesuites ont fait ce qu'ils ont pû
pour empescher ce mal : car les
Sauuages ne boiuent que pour

s'enyurer; & quand ils ont commencé à boire, ils donneroient
tout ce que l'on voudroit pour
vne bouteille d'eau de vie, afin
d'acheuer de s'enyurer.

La guerre qu'ils se font les
vns aux autres, ne se fait point
pour conquerir des terres, ny
pour deuenir plus grands Sei-
gneurs, ny mesme pour l'interest,
mais par pure vangeance : aussi ne
parlent-ils point autrement ; car
ils disent, ie m'en vay en guerre
pour vanger la mort d'vn tel, &
c'est d'où vient qu'ils traitent si
cruellement leurs prisonniers, &
ne visent iamais qu'à détruire &
faire perir vne Nation toute en-
tiere.

La maniere que les Sauua-ges font la guerre.

CHAPITRE XI.

CEux qui vont en guerre ne font fouldoyez de perfonne, chacun y va à fes dépens, & fe doit fournir d'armes, de viures, de munitions, & autres chofes neceffaires pour la guerre.

La façon qu'ils font les leuées, la voicy : Vn Capitaine fait feftin, (on appelle cela pendre la Chaudiere) il inuite à fon feftin tous les ieunes gens de fon bourg, il leur declare qu'il a deffein d'aller en guerre pour vanger la mort d'vn tel ou d'vne telle : il exhorte ceux qui font de fes amis de l'ac-

ment y vaut cent fols le minot,
pefant foixante liures : & quelquefois il vaut fix francs.

Les pois y valent vn écu le
minot, & quelquefois iufques à
quatre francs.

Les iournées des hommes y
font-elles cheres ? Vingt fols
eftant nourris pendant l'hyuer,
& trente fols eftant nourris pendant l'Efté.

Y a-il des cheuaux dans le
pays ? Ie répons que non.

N'y a-il pas des prairies pour
faire du foin ? l'auoine n'y vient-
elle pas bien ? parfaitement bien,
& il y a de tres-belles prairies :
mais il eft affez dangereux d'a-
uoir le foin, tant que les Iroquois
nous feront la guerre, & fur tout
aux habitations des Trois-Riuieres & du Mont-Royal : car les
faucheurs & les feneurs font tou-

d'asseuré, sinon que l'on m'a dit qu'il y en auoit enuiron huit cens à Quebec, pour les autres habitations il n'y en a pas tant.

Les habitans ont-ils bien des enfans ? Ouy, qui viennent bien-faits, grands & robustes, aussi bien les filles que les garçons : ils ont communément l'esprit assez bon, mais vn peu libertins, c'est à dire, qu'on a de la peine à les captiuer pour les estudes.

Pourquoy ne fait-on pas quantité de chanvres puis qu'il vient si bien ? La mesme raison que i'ay apporté pour la vigne, ie l'apporte pour le chanvre, sçauoir que nous n'auons songé qu'au bled iusques à maintenant, comme le plus necessaire. I'ajouste seulement que nous sommes trop peu de monde : car apres la défaite de l'Iroquois, il ne manquera que

des habitans icy, pour y auoir
tout ce que l'on y peut souhaiter.

Quelle boisson boit-on à l'ordinaire? Du vin dans les meilleures maisons, de la biere dans
d'autres: vn autre breuuage qu'on
appelle du boüillon, qui se boit
communément dans toutes les
maisons; les plus pauures boiuent
de l'eau, qui est fort bonne & commune en ce pays icy.

Dequoy sont basties les maisons? Les vnes sont basties toutes
de pierre, & couuertes de planches ou aix de pin; les autres sont
basties de collombage ou charpente, & massonnées entre les
deux: d'autres sont basties tout à
fait de bois; & toutes lesdites maisons se couurent comme dit est, de
planches.

Le chaud en Esté y est-il bien
grand? Il y est enuiron comme

dans le pays d'Aunis.

Les froids y sont-ils grands
l'Hyuer? Il y a quelques iournées
qui sont bien rudes, mais cela
n'empesche point que l'on ne fasse ce que l'on a à faire; on s'habil-
le vn peu plus qu'à l'ordinaire; on
se couure les mains de certaines
moufles, appellées en ce pays icy
des mitaines: l'on fait bon feu dás
les maisons, car le bois ne couste
rien icy qu'à bûcher & a apporter
au feu. On se sert de bœufs pour le
charrier, sur certaines machines
qu'on appelle des traisnes : cela
glisse sur la neige, & vn bœuf seul
en mene autant que deux bœufs
feroient en Esté dans vne charette. Et comme i'ay déja dit, la
plusspart des iours font extrémement serains, & il pleut fort peu
pendant l'Hyuer. Ce que i'y trouue de plus importun, c'est qu'il

faut nourrir les beſtiaux à l'eſta-
ble plus de quatre mois, à cauſe
que la terre eſt couuerte de neiges pendant ce temps-là : ſi la neige nous cauſe cette incommodité,
elle nous rend d'vn autre coſté vn
grand ſeruice, qui eſt qu'elle nous
donne vne facilité de tirer les bois
des foreſts, dont nous auóns be-
ſoin pour les baſtimens , tant de
terre que d'eau , & pour autres
choſes. Nous tirons tout ce bois
de la foreſt, par le moyen de ces
traiſnes dont j'ay parlé, auec grande facilité, & bien plus commodé-
ment , & à beaucoup moins de
frais , que ſi c'eſtoit en Eſté par
Charette.

L'air y eſt extremément ſain en
tout temps : mais ſur tout l'Hyuer ; on voit rarement des mala-
dies en ces Pays-icy ; il eſt peu ſu-
jet aux bruines & aux broüillards;

l'air y est extremément subtil. A
l'entrée du Golfe & du Fleuue, les
bruines y sont frequentes, à cause
du voisinage de la mer : on y voit
fort peu d'orages.

Mais quel profit peut-on faire
là? Qu'en peut-on tirer? C'est vne
question qui m'a esté faite sou-
uentefois, & qui me donnoit enuie de rire, toutes les fois qu'on
me la faisoit : il me sembloit voir
des gens qui demandoient à faire
recolte auant que d'auoir semé.
Apres auoir dit que le Pays est
bon, capable de produire toutes
sortes de choses comme en France,
qu'on s'y porte bien, qu'il ne man-
que que du monde, que le Pays
est extremément grand, & qu'in-
failliblement il y a de grandes
richesses que nous n'auons pas
peu découurir, parce que nous
auons vn ennemy qui nous tient

resserré dans vn petit coin, & nous
empesche de nous écarter pour
faire aucune découuerte : Ainsi il
faudroit qu'il fust détruit , qu'il
vint beaucoup de monde en ce
Pays-icy , & puis on connoistroit
la richesse du Pays : mais pour faire cela, il faut que quelqu'vn en
fasse la dépence : mais qui la fera,
si ce n'est nostre bon Roy ? Il a té-
moigné le vouloir faire, Dieu luy
veüille continuer sa bonne vo-
lonté.

Les Anglois nos voisins ont fait
d'abord de grandes dépenses pour
les habitations là où ils se sont pla-
cez ; ils y ont jetté force monde, &
l'on y compte à present cinquante
mil hommes portans les armes :
c'est merueille que de voir leurs
Pays à present ; l'on y trouue toutes sortes de choses comme en Europe , & à la moitié meilleur marché.

ché. Ils y baſtiſſent quantité de Vaiſſeaux de toutes façons : ils y font valoir les mines de fer : ils ont de belles Villes : il y a Meſſagerie & Poſte de l'vne à l'autre : ils ont des Caroſſes comme en France : ceux qui ont fait les auances trouuent bien à preſent leurs comptes : ce Pays-là n'eſt pas autre que le noſtre : ce qui ſe fait là, ſe peut faire icy

Cela n'empeſchera pas que ie ne vous diſe ce que ie crois que l'on peut faire, & dont l'on peut tirer beaucoup de profit : premierement la peſche de la Moluë, qui eſt abondante à l'entrée du Fleuue, aux enuirons de Gaſpé.

Secondement les huiles, tant de Loups-marins, que de Marſoins, dont il y a abondance dans le fleuue Saint Laurens, comme j'ay deſia dit. Il eſt vray qu'il y a quelque dépenfe à faire pour cela mais elle ne feroit pas confiderable, à l'égal du grand profit qu'on en peut efperer.

Il y a des mines de fer, de cuiure, d'eftain, d'antimoine, & de plomb; plufieurs croyent qu'il y a auffi des fouffrieres.

J'ay parlé à vn faifeur de falpêtre, qui m'a dit qu'on en trouueroit icy d'auffi bon, qu'en aucun lieu du monde, & en quantité.

Pour le charbon de bois de Cedre, il eft fans comparaifon beaucoup meilleur qu'aucun, dans la compofition de la poudre & des artifices.

De plus, les bois qui font icy en fi grande abondance, ne peuuent-ils pas jetter vn grand profit, foit pour les baftimens de mer, ou autres ouurages, à quoy ils peuuent eftre vtiles.

La terre estant bonne, ne peut-
elle pas donner vn grand profit,
non seulement pour toute sorte
de grains, qu'on en pourroit tirer
abondamment ; mais pour les
chanvres & lins, qui venans bien,
on en peut faire en abondance, &
en faire par consequent grand
profit.

Ie ne parle point de l'abondance
des Animaux qui s'y peuuent
nourrir , comme de beaucoup
d'autres choses que vous voyez
aussi bien que moy , apres la description que ie vous ay faite.

Toutes les Riuieres sont-elles
nauigables ? Ie répons que oüy,
auec les canots sauuages ; mais
non pas auec nos bastimens. Les
Nauires ne peuuent pas passer
Quebec, à ce que l'on croit, les
Barques & Chaloupes ne peuuent
pas aller plus loin que Mont-

Royal ; du Mont-Royal jusques dans le lac des Iroquois, il se trouue quarante lieuës de rapides, que l'on ne peut pas monter qu'auec des canots, & des bateaux plats : encore les faut-il tirer, comme on tire les bateaux en montant le long de la Sene. Apres quoy dans tous ces grands lacs, on y peut aller auec barques & chaloupes.

Ce qui empesche nos Riuieres d'estre nauigables, se font des cheutes d'eau qui se rencontrent par endroits, ou des rapides : & cela aux vnes plus qu'aux autres ; car à la riuiere du Saguené, on va jusques à quarante ou cinquante lieuës auec vne double chaloupe ; & au contraire, dans la riuiere des Trois-Riuieres, l'on n'y va pas plus de quatre lieuës : Si ce Pays-icy estoit habité, ie ne doute pas que l'on ne rendist nauigable plu-

fieurs riuieres qui ne le font
point, & cela à peu de frais : car il
y a telle riuiere, où il n'y a qu'vn
rapide d'vn quart de lieuë, apres
lequel on pourroit aller bien loin:
cependant, cela la rend inaccessi-
ble à nos baftimens.

Il me femble que j'entens quelqu'vn qui dit , Vous nous auez
beaucoup dit de bien de la Nouuelle France, mais vous ne nous
en faites point voir les maux, ny
les incommoditez : cependant,
nous fçauons bien qu'il n'y a point
de Pays au monde, quelque bon
qu'il puiffe eftre, où il ne fe rencontre quelque chofe de fâcheux.
Ie vous répons, que vous auez raifon : ç'a efté auffi mon deffein dans
tout mon difcours , de vous en
donner la connoiffance : mais afin
de vous les faire mieux conce-
uoir, ie mettray icy en détail ce

que ie juge de plus incommode ou
importun, que ie reduiray à quatre ou cinq chefs.

Le premier sont les Iroquois
nos Ennemis, qui nous tiennent
resserrez de si prés, qu'ils nous
empeschent de jouyr des commoditez du Pays : on ne peut aller à
la chasse, ny à la pesche, qu'en
crainte d'estre tué, ou pris de ces
coquins-là : & mesme on ne peut
labourer les champs, & encore
bien moins faire les foins, qu'en
continuelle risque : car ils dressent
des embuscades de tous costez, &
il ne faut qu'vn petit buisson pour
mettre six ou sept de ces barbares
à l'abry, ou pour mieux dire à l'a-
fust, qui se jettent sur vous à l'im-
prouiste, soit que vous soyez à vô-
tre trauail, ou que vous y alliez.
Ils n'attaquent iamais qu'ils ne se
voyent les plus forts ; s'ils sont les

lus foibles, ils ne difent mot : fi
par hazard ils font découuerts, ils
quittent tout, & s'enfuyent ; &
comme ils vont bien du pied, il eſt
mal-aisé de les attraper : ainſi vous
voyez que l'on eſt touſiours en
crainte, & qu'vn pauure homme
ne trauaille point en feureté, s'il
s'écarte vn peu au loin. Vne femme eſt touſiours dans l'inquietude
que fon mary, qui eſt party le matin pour fon trauail, ne foit tué ou
pris, & que iamais elle ne le re-
uoye : c'eſt la caufe que la pluſpart
des Habitans font pauures, non
feulement pour la raifon que ie
viens de dire, qu'on ne peut pas
jouyr des commoditez du Pays ;
mais parce qu'ils tuënt fouuent le
beſtail ; empeſchent quelquesfois
de faire les recoltes, bruſlent &
pillent d'autres fois les maifons
quand ils les peuuent furprendre.

G iiij

Ce mal est grand, mais il n'est
pas sans remede, & nous l'atten-
dons de la charité de nostre bon
Roy, qui m'a dit qu'il nous en
vouloit deliurer. Ce n'est pas vne
chose bien mal-aisée, puis qu'ils
ne sont pas plus de huit à neuf
cens hommes portans les armes. Il
est vray qu'ils sont soldats, & bien
adroits dans les bois ; ils l'ont fait
voir à nos Capitaines venus de
France, qui les méprisoient : les
vns y sont demeurez, & les autres
ont esté contraints d'auoüer qu'il
ne faut point se negliger, quand
on va à la guerre contre-eux ; qu'ils
entendent le mestier, & qu'ils ne
sont point barbares en ce point ;
mais apres tout, mille ou douze
cens hommes biens conduits, feroient dire ; ils ont esté, mais ils ne
sont plus : cela mettroit la reputa-
tion des François bien haut dans

tout le Pays de la Nouuelle-France, d'auoir exterminé vne Nation qui en a fait tant perir d'autres, & qui est la terreur de tous ces Pays-icy.

La seconde incommodité que ie trouue icy, sont des Maringoins, autrement appellez Cousins, qui sont en grande abondance dans les forests, pendant trois mois de l'Esté : il s'en trouue peu dans les campagnes, à raison qu'ils ne peuuent resister au vent; car le moindre petit vent les emporte : mais dans les bois, où ils sont à l'abry, ils y sont estrangemét importuns; & sur tout le soir & le matin, & picquent plus viuement quand ils sentent de la pluye, qu'en vn autre temps. Il s'est trouué des personnes qui en auoient le visage extremement enflé; mais cela ne dure pas, car au bout de vingt-qua-

tre heures, il n'y paroiſt quaſi plus,
la fumée les fait fuyr ; c'eſt pourquoy on fait touſiours du feu &
de la fumée proche de ſoy, quand
on couche dans le bois.

La troiſiéme incommodité que
ie rencontre, c'eſt la longueur de
l'Hyuer, ſur tout deuers Quebec:
Ie n'en parleray pas dauantage,
veu que j'en ay dit aſſez cy-deſſus:
Ie diray ſeulement que les neiges
y ſont de trois à quatre pieds de
haut, ie dis à Quebec : car aux autres habitations, il y en a beaucoup moins , comme j'ay deſia
dit.

Dans le pays des Iroquois, s'y
trouuent de certaines couleuures,
qu'on appelle des Serpens à ſon-
nettes, qui ſont dangereuſes pour
leurs morſures; j'en ay deſia parlé,
ainſi ie n'en diray rien dauantage,
ſinon qu'il n'y en a point dans ces

quartiers-icy : Voila les plus grandes incommoditez dont j'ay connoiſſance.

Voicy encore vne queſtion qui
m'a eſté faite, ſçauoir comme on
vit en ce Pays-icy ; ſi la Iuſtice s'y
rend ; s'il n'y a point bien du li-
bertinage, veu qu'il y paſſe, dit-
on, quantité de garnemens, & des
filles mal-viuantes.

I'y répondray à tous les points
l'vn apres l'autre, & ie commenceray par le dernier. Il n'eſt pas
vray qu'il vienne icy de ces ſortes
de filles, & ceux qui en parlent de
la façon ſe ſont grandement mé-
pris, & ont pris les Iſles de Saint
Chriſtophle & la Martinique pour
la Nouuelle-France : s'il y en vient
icy, on ne les connoiſt point pour
telles ; car auant que de les embar-
quer, il faut qu'il y aye quelques-
vns de leurs parens ou amis, qui

G vj

asseurent qu'elles ont tousiours esté sages : si par hazard il s'en trouue quelques-vnes de celles qui viennent, qui soient décriées, ou que pendant la trauersée elles ayent eu le bruit de se mal-comporter, on les r'enuoye en France.

Pour ce qui est des garnemens, s'il y en passe, c'est qu'on ne les connoist pas ; & quand ils sont dans le Pays, ils sont obligez de viure en honnestes gens, autrement il n'y auroit pas de jeu pour eux : on sçait aussi-bien pendre en ce pays-icy qu'ailleurs, & on l'a fait voir à quelques-vns, qui n'ont pas esté sages.

Pour la Iustice, elle se rend icy ; il y a des Iuges : & quand on ne se trouue content, on en appelle deuant le Gouuerneur, & vn Conseil Souuerain estably par le Roy à Quebec.

Iusques à cette heure on a ves-
cu assez doucement , parce que
Dieu nous a fait la grace d'auoir
tousiours des Gouuerneurs qui
ont esté gens de bien , & d'ailleurs
nous auons icy les Peres Iesuites
qui prennent vn grand soin d'in-
struire le monde : de sorte que
tout y va paisiblement ; on y vit
beaucoup dans la crainte de Dieu,
& il ne se passe rien de scandaleux :
qu'on n'y apporte aussi-tost remede : la deuotion est grande en tout
le Pays.

Suite du mesme sujet.

CHAPITRE XIV.

PLusieurs personnes qui apres
auoir entendu discourir de la
Nouuelle France , soit qu'il leur
prit enuie d'y venir , ou non, faisoient cette question : Pensez-

vous que ie fuſſe propre pour ce
pays-là? que faudroit-il faire pour
y aller habiter? ſi i'y portois quatre ou cinq mille francs, pourrois-
je auec cela m'y accommoder
honneſtement? & en ſuitte beaucoup d'autres queſtions que ie
mettray les vnes apres les autres,
apres auoir répondu à celle-cy.

Vous me demandez premierement ſi vous eſtes propre pour ce
pays? La réponſe que ie vous fais,
c'eſt que ce pays icy n'eſt pas encore propre pour les perſonnes de
condition qui ſont extrémement
riches, parce qu'ils n'y rencontre-
roient pas toutes les douceurs
qu'ils ſont en France: il faut at-
tendre qu'il ſoit plus habité, à
moins que ce ne fuſſent des perſonnes qui vouluſſent ſe retirer
du monde, pour mener vne vie
plus douce & plus tranquille, hors

de l'embaras : ou quelqu'vn qui
euſt enuie de s'immortaliſer par la
baſtiſſe de quelques Villes, ou autres choſes de conſiderable dans ce
nouueau monde.

Les perſonnes qui ſont bonnes
dans ce pays icy, ſont des gens qui
mettent la main à l'œuure, ſoit
pour faire, ou pour faire faire
leurs habitations, baſtimens & autres choſes : car comme les iournées des hommes ſont extrémement cheres icy, vn homme qui
ne prendroit pas ſoin, & qui n'v-
ſeroit pas d'œconomie ſe ruine-
roit ; mais pour bien faire, il faut
touſiours commencer par le dé-
frichement des terres, & faire vne
bonne métairie, & par apres on
ſonge à autres choſes; & ne pas faire comme quelques-vns que i'ay
veu , qui ont dépenſé tous leurs
biens à faire faire de beaux baſti-

mens, qu'ils ont esté contraints de vendre apres, à beaucoup moins qu'ils ne leur auoient cousté.

Ie suppose que ie parle à des personnes qui ne viennēt s'establir dans le pays à autre dessein que pour y faire vn reuenu, & non pas pour y faire marchandise.

Il seroit bon qu'vn homme qui viendroit pour habiter, apportast des viures du moins pour vn an ou deux, si faire se peut; sur tout de la farine, qu'il aura à beaucoup meilleur marché en France, & mesme n'est pas asseuré d'en trouuer tousiours icy pour son argent; car s'il venoit grand monde de France sans en apporter, & qu'il arriuast vne mauuaise année pour les grains, comme Dieu nous en garde, ils se trouueroient bien empeschez.

Il est bon aussi de se fournir de

hardes, car elles vallent icy le double qu'en France.

L'argent y est aussi plus cher,
il y hausse du quart, en sorte qu'v-
ne piece de quinze sols en vaut
vingt : ainsi à proportion du reste.

Vn homme qui auroit dequoy,
ie luy conseillerois d'amener icy
deux bons hommes de trauail,
pour défricher les terres, ou dauantage mesme, s'il a le moyen :
c'est pour répondre à la question,
si vne personne qui employeroit
trois ou quatre mille francs, pourroit faire quelque chose; il se mettroit en trois ou quatre ans bien à
son aise, pourueu qu'il veüille vser
d'œconomie, comme i'ay déja dit.

La pluspart de nos habitans qui
font icy, font des gens qui sont
venus en qualité de feruiteurs, &
apres auoir feruy trois ans chez
vn Maistre, se mettent à eux; ils

n'ont pas trauaillé plus d'vne année qu'ils ont défriché des terres,
& qu'ils recüeillent du grain plus
qu'il n'en faut pour les nourrir.
Quand ils se mettent à eux, d'ordinaire ils ont peu de chose, ils se
marient en suite à vne femme qui
n'en a pas dauantage; cependant
en moins de quatre ou cinq ans
vous les voyez à leur aise, s'ils font
vn peu gens de trauail , & bien
ajustez pour des gens de leur condition.

Tous les pauures gens seroient
bien mieux icy qu'en France,
pourueu qu'ils ne fussent pas pa-
resseux; ils ne manqueroient pas
icy d'employ , & ne pourroient
pas dire ce qu'ils disent en France,
qu'ils sont obligez de chercher
leur vie, parce qu'ils ne trouuent
personne qui leur veüille donner
de la besongne; en vn mot, il no

faut personne icy , tant homme
que femme , qui ne soit propre à
mettre la main à l'œuure , à moins
que d'estre bien riche.

Le trauail des femmes consiste
dans le soin de leurs ménages , à
nourrir & à penser leurs bestiaux;
car il y a peu de seruantes icy : ainsi les femmes sont contraintes de
faire leurs ménages elles-mesmes:
toutesfois ceux qui ont dequoy
prennent des valets , qui font ce
que feroit vne seruante.

✱✱✱✱✱✱✱✱✱✱✱✱✱✱✱✱✱✱✱✱✱✱

Remarques qui ont esté ob-
mises aux Chapitres
precedens.

CHAPITRE XII.

PVisqu'il me reste encore vn
peu de temps , ie feray ce

Chapitre de diuerses choses que j'ay obmises dans les precedens, qui ne seront pas desagreables au Lecteur curieux.

Cette Fontaine dont j'ay parlé cy-deuant, qui est dans le pays des Iroquois, & dont ils se seruent comme d'huile ; quand on la remuë auec vn baston, elle jette comme des flammes ; mais comme j'ay desia dit, elle n'est point bonne à brusler ny à manger, mais simplement à graisser.

Cette Mine de plomb, dont j'ay parlé, qui n'est pas bien loin d'icy, rend soixante & quinze pour cent ; & les Iroquois coupent de ce rocher, auec leurs haches, & en font de petits bastons quarrez qu'ils coupent de longueur, pour s'en seruir à tirer quand ils vont en guerre, lors que les balles leur manquent.

Dans le lac Superieur, il y a vne grande Isle, qui a enuiron cinquáre lieuës de tour, dans laquelle il y a vne fort belle mine de cuiure rouge ; il s'en trouue en diuers endroits de gros morceaux tout rafinez.

Il y a d'autres endroits de ces quartiers-là, où il y a de pareilles mines, ainsi que j'ay appris de quatre ou cinq François, qui en sont reuenus depuis peu, qui estoient allez là en la compagnie d'vn Pere Iesuite, qui y estoit allé en Mission, & qui y est mort. Ils y ont passé trois ans, auant que de trouuer occasion de s'en reuenir : ils m'ont dit qu'ils ont veu vn lingot de Cuiure tout rafiné, qui est le long d'vne coste, & qui peze plus de huit cens liures, selon leur estime : ils disent que les Sauuages en passant, font du feu dessus, apres

quoy ils en coupent des morceaux
auec leurs haches; vn d'entre-eux
en voulut faire de mesme, il y
caffa toute fa hache: le chemin ne
feroit pas mal-aisé, fi nous estions
les Maistres des Iroquois, & qu'on
peuft paffer pardeuant leur grand
Lac.

Ils m'ont appris de plus, qu'il
fe trouue là de belles pierres
bleuës, qu'on croit estre des Tur-
quoifes.

Il fe trouue auffi des pierres ver-
tes, comme des Emeraudes.

Il y a auffi des Diamans; mais ie
ne fçay pas s'ils font fins : Ils n'ont
peu aller jufques au lieu où ces
pierres font, les Sauuages ne les y
voulant pas conduire fans recom-
penfe, veu qu'il y auoit vn peu
loin : eux fe trouuans dans la neceffité, n'oferent en faire la dépenfe, ne s'y connoiffans pas affez

pour ſçauoir ſi elles eſtoient bonnes, ou non.

Il ſe trouue auſſi des pierres rouges de deux ſortes ; les vnes de
rouge d'écarlate, & les autres d'vn
rouge de ſang de bœuf ; les Sauuages s'en ſeruent pour faire des ca-
lumets ou pipes, pour prendre
leur tabac, dont ils font bien de
l'eſtat.

Il ſe rencontre auſſi des teintu-
res, de toutes ſortes de couleurs,
dont les Sauuages ſe ſeruent ; deſ-
quelles ie ne feray pas vne grande
deſcription, pour n'en auoir pas
vne parfaite connoiſſance, ſinon
d'vne petite racine de bois, dont
ils ſe ſeruent pour teindre en couleur de feu, qui a la couleur bien
viue. Pour les autres couleurs, ils
ſe ſeruent d'herbes, de pierres &
de terre. Tout ce que ie puis dire,
c'eſt que la pluſpart de leurs cou-

leurs me semblent bien belles, &
bien viues : ie leur ay veu du bleu
semblable à nostre azur, & ie ne
sçay pas si ce n'en est point.

Dans le pays des Iroquois, sçauoir aux Onontagué, il se trouue
vne pierre de craye blanche, dont
les Hollandois en ont esté quelquesfois querir, & ont dit aux
Sauuages que c'estoit pour blan-
chir leurs linges.

Au lac Saint François, qui est
enuiron quatorze ou quinze lieuës
au dessus du Mont-Royal, il se
trouue vne des belles Chesnayes
qui soit dans le monde, tant pour
la beauté des arbres, que pour sa
grandeur : elle a plus de vingt
lieuës de long, & l'on ne sçait pas
combien elle en a de large.

FIN.